住まいから、時間・お金・心をシンプル化

もっと
ラクに
生きる！

暮らしの整理術100

収納スタイリスト・生き方スタイリスト
吉川永里子

JN082651

X-Knowledge

~はじめに~

今、なぜ暮らしを整えるの？

家のこと、仕事、育児……。
女性に求められる役割は増え、
多くの人がひと息つく間もない毎日を送っています。

「毎日の暮らしが大変……」と感じる人は
多いのではないでしょうか。
いつも何かに追われ、ときにイライラし、
自分のことをかえりみる時間はゼロ。
それでは、つらくなるばかりです。
さらに、外から入ってくる情報が多いから、
ふり回されてしまうし、人目も気になる……。
自然災害や新型のウイルス、経済不安など、
予期せぬことも起こります。
そんな今だからこそ、
ブレずに自分軸をもった暮らしに
整えることが大切です。

目に見えないものも整える

暮らしの整理というと、
部屋や服など目に見えるものだけをイメージしがち。
もちろんそれも大切で、
整えば、空間にも心にも余裕が生まれます。
でも、もうひとつ大切なのは、
目に見えないものを整えることです。
たとえば、時間。
情報過多で世の中のスピードが速くなっているからこそ、
自分で時間をコントロールできるようになるといい。
毎日の食事作りもそう。
家族の健康、食費のやりくり、食材の使い回しと、
やることがたくさんあって大変だから、
自分なりのルールを決めて、必要以上に迷わない。
年金はもらえるのか、同じ会社で働き続けられるのか、
そんな不安を少しでもなくしたいから、お金の見直しも大事。
そして、家族とのコミュニケーションも。
余裕がなくて、うまく気持ちを伝えられなければ、
いちばんそばにある幸せを感じられませんから。

私も、かつては時間に追われる暮らしをしていました。
自分をないがしろにして、いつも仕事や子どもを優先。
時間や自分を癒すもの、人との関係など、
お金で買えないものは後回し……。

整理は、気持ちをラクにするための準備

子どもに対しても、夫に対しても、
どこか一方的な話し方をしていたところがありました。
そんな私を変えたのは、ある日、出会った
「コーチング」というコミュニケーションスキル。
人生をよりよくするには、
自分と向き合うことが大切だと知ったんです。
心の奥にある不満や不安に目をつぶってはダメ。
自分が幸せと思えなければ、そばにいる家族も幸せにはならない。
それから、私は少しずつ日々の行動を変えていきました。

少しの時間でもお金でも、自分のためにちゃんと使う。
会いたい人に会い、行きたいところへ行く。
部屋の片づけも掃除も、自分の快適を基準に、
どうすれば効率よくシンプルにできるかを考える。
子どもがいるから、仕事が忙しいから……を言い訳にせず、
周りの情報に流されず、
自分の気持ちに素直に行動する努力を続けました。
ひとりで抱え込まないために、
気持ちよく家族に家事をシェアしてもらうことも覚えました。
離婚と再婚を経験し、ステップファミリーになって、
今、私は4人の子どもの母。
家事の量は以前よりも増えたけれど、毎日が楽しい。
自分とした小さな約束の積み重ねで、
ストレスフリーに生きています。

この本には、私が試行錯誤してたどりついた、
暮らしを整える100個のアイデアを集めました。
すべて、毎日実践していることばかりです。
世界にひとりしかいないあなたが、
ストレスフルで苦しい顔をしていたら、
周りにいる人だって苦しくなっちゃう。
もっと自分をラクにするために、
自信をもって毎日を生きるために、
暮らしの整理を始めましょう。

コーチング：対話を通じて、相手の内面にある考え方や行動変容を引き出す、自己改善につながるコミュニケーションスキルのひとつ。

暮らしを整える3つの基本

step.1 自分を主役に考える

人生は自分が主役。頭でわかっていても、自分の希望や不満にふたをして、家族を優先してしまう。情報にふり回され、周りに気を使ってばかりいる。そんな暮らしを変えたい人は、シャンパングラスをたくさん積み上げたタワーを、自分の心として思い浮かべてみてください。いちばん上のグラスは自分、その下の段は大事な家族、次は友だちや仕事仲間、という風に。

いつも笑顔でいることが、
家族の幸せになる。

上から水を注いだとき、自分のグラスが満たされなければ水は下に行き渡りませんよね。下のグラスはからっぽのままです。

暮らしも同じ。いちばん最初に自分を満たしてあげなければ、周りの人のことを考えられないし、やさしくなれません。

暮らしの整理は、考え方を変えることから。我慢しなくていい、自分の快適を求めていいと、自分を大切にすることが始めの一歩です。

子どもにも夫にも、
思いを正直に伝える。

step.2
ストレスの正体を見つける

いつもうまくいかない。毎日忙しい。なんだか不安……。日々感じるそんなイライラの原因を見つけましょう。

〝なんとなく〟の不快をそのまま放っておかないで。ネガティブな感情やストレスの正体がわからなければ、どう解決すればいいかも見えてきません。

たとえば掃除。どうしても気が重いのは家じゅうの掃除機がけ？

自分と向き合えば、
不快の種が見えてくる。

拭き掃除？　エアコン掃除？　自分の心を探っていくと、ピンポイントで嫌いな部分が見つかるはず。わかったらスッキリするし、それをしなくてもすむように、また効率よくラクにこなせるように作戦を立てられます。

モヤモヤの理由を考えないままにしない。また、考えながら動くこともしない。まず、自分の不快さを探るための〝考える〟時間をもってみましょう。

暮らしが整えば、
時間の余裕も生まれる。

step.3

自分のルールを信じて動く

ストレスの正体が見えたら、次は、どう行動すればいいか、自分なりのルールを決めます。ほかの人がどう思おうと、自分が快適に感じられるかを基準にしてかまいません。

たとえば料理だって、夕飯の定番メニューを5つくらい決めて、忙しい日はそこから選ぶ。そう決めてあれば、時間ギリギリになって焦らなくてすむし、作り慣れたメニューなら手際もよく、時

暮らしのルールが
自分を助けてくれる。

短にもなり効率アップ。家族にも余裕をもてます。
それは、暮らしをシンプルにして、自分がラクするための先行投資です。ルールを決めたら、さっそく行動に移してみてください。

うまくいかなければ、違うやり方にチェンジすればいい。自分本位にトライ&エラーでいきましょう。
これから紹介していく100項目は、私の実感から生まれたルール。役立つものが見つかりますように。

掃除の時間もやり方も、
自分で決める。

| Contents |

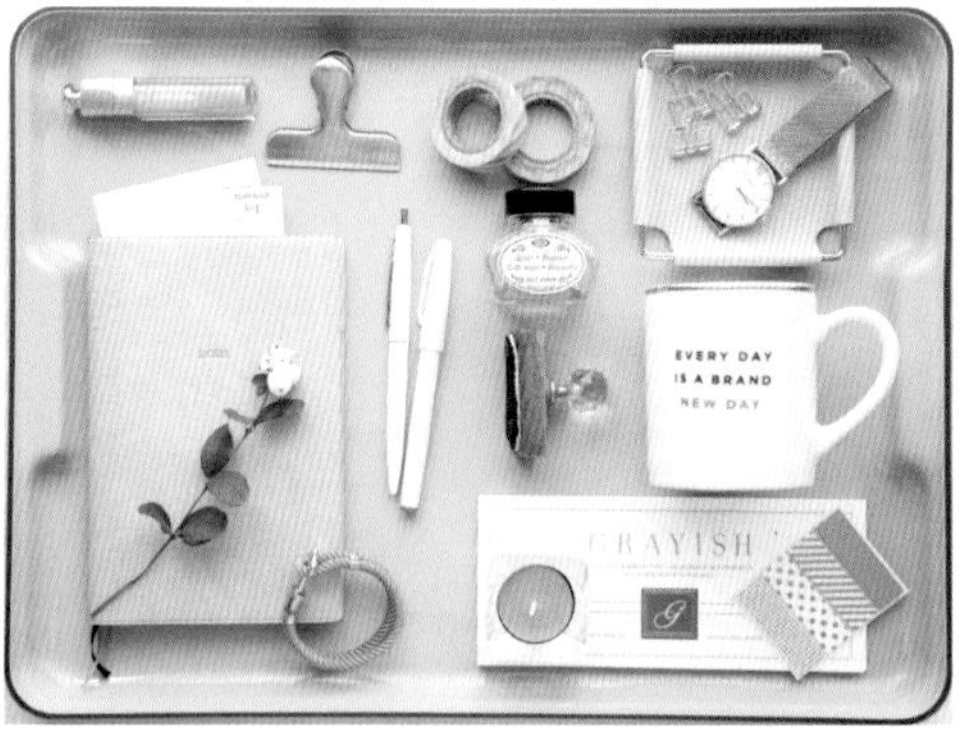

暮らしを整える3つの基本

PART 1 心を整える／018

PART 2 時間を整える ／ 036

PART 3 住まいを整える ／ 054

STAFF

撮影　かくたみほ
イラスト　酒井真織
アートディレクション　江原レン（mashroom design）
デザイン　前田友紀、高橋紗季、田口ひかり、神尾瑠璃子（mashroom design）
DTP　村上幸枝（Branch）
取材・文・構成　飯田充代
編集　別府美絹（エクスナレッジ）

PART 1 心を整える

この先どうなるんだろう？　と将来を不安に思う人は多いはず。また、自分の理想や不満を飲み込んで、家族や仕事を優先に暮らしていると、自分の〝心〟を置き去りにしてしまいがち。自分を思いやれないまま、疲れていることにさえ気づかずに日々を送っていませんか？

そんな人に知ってほしいのが、心の整え方。手帳やノートを使って目に見えない心を〝見える化〟し、自分を深く知る方法です。

私は毎日、手帳に気持ちを正直に書き出します。頭にきたことから、感謝したいこと、自分を褒める言葉、家事の大変さや愚痴まで、もうひとりの自分と会話をするように、とにかく書く。すると、おぼろげだった心の内がくっきりと浮かび上がってくるんです。心が見えたら、そのイライラの種を退治して自分を癒そうと思えるし、不満を取り除く方法を考えるようになる。それが整理です。

心を整える習慣は、日々の暮らしだけでなく、きっとあなたの人生をよりよく変えていく土台になります。気持ちの書き出し方も紹介していますから、参考にしてみてください。

周りのことを優先して、
自分を置き去りにしている人へ

見えない心を“見える化”。
気持ちを書き出して、
自分を知り、自分を好きになることが
理想の暮らしへの近道です。

日記の機能をもたせた手帳。成長の記録であり、不満や不安から自分を守る術でもあります。

#001 自分の気持ちを可視化する

100夢リストを書くと、知らなかった〝まさか〟の自分に会える

来年1年間の夢を100個書く。12月の最終週に、私が必ずすることです。〝ハワイに移住する〟みたいな叶いそうにない夢から、〝足首が細くなる〟という現実的な夢まで書き出します。

ひとつふたつじゃなくて、〝100個〟が大切。これがなかなか大変で、30個くらいはスラスラ出ても、たいてい途中で詰まります。

でも、あきらめない。子どもや夫を優先して、普段、後回しにしていた自分の夢や理想を見える形にするんです。そうすると、〝こんな自分もいたんだ……〟という新しい発見ができます。

手書きするのは、脳を活性化させてイメージを広げるため。具体的な夢があると、自然に前向きに行動するようになります。

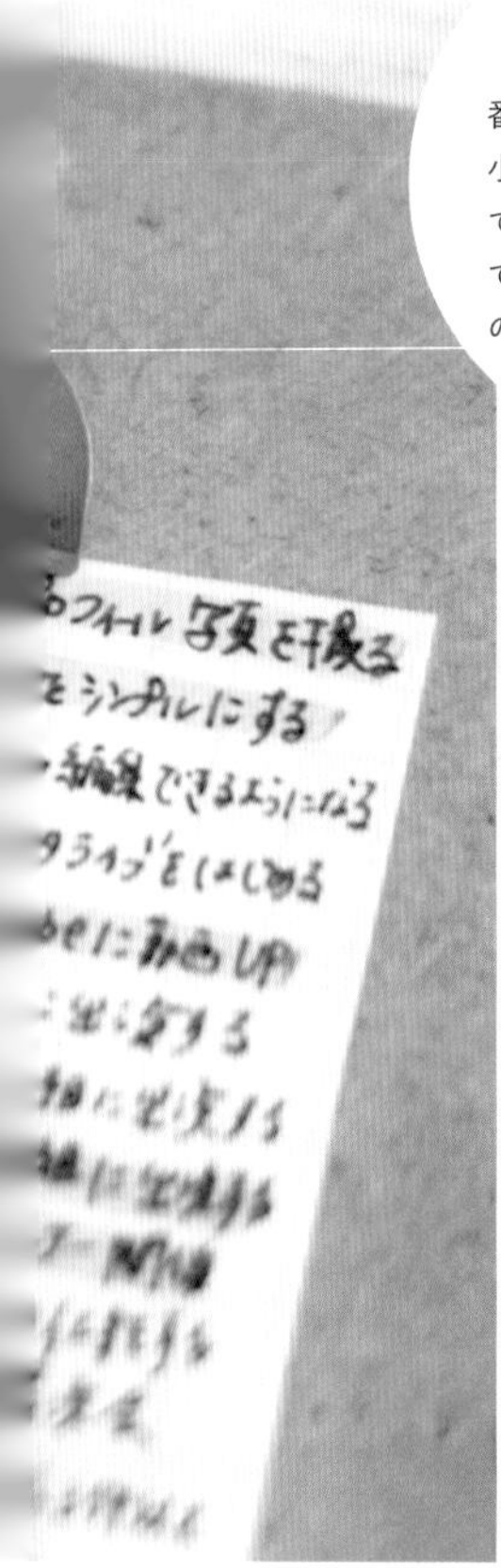

100夢リスト

番号をふって、大きい夢も小さい夢も全部書く。途中で詰まったら、ひと休みしてまた再開。粘って、自分の心と向き合う。

叶った夢はマーカーで線を引いて、達成感につなげる。
どれだけ達成できたかを見るのも楽しみ。

なりたい自分の
ビジュアルマップ

文字だけでなく、なりたいスタイルや髪型、欲しい服やものの写真を雑誌などから切り抜いて、視覚的にも理想の自分をイメージします。

#002 "やりたくない"ことから自分の本音に近づく

"やりたくない"ことを意識すると、自分が進む道筋を見つけやすくなります

どういう暮らしが理想？　やりたいことは何？　そう尋ねられると、「えーと、私は……」と口ごもってしまう人は多いもの。願いや理想を主張するって案外むずかしい。自分より周り優先の暮らしをしていたら、なおさらです。でも反対に、不満なら出てくるはず。"やりたくない"ことや"なりたくない"自分を書き出してみませんか？　自分が進む方向が見えてきます。

私のそれは、たとえば"早起きしたくない"。早朝から混んだ電車に乗る忍耐力が自分にないとわかっているから、朝定時に出勤する仕事を選びませんでした。

"やりたくない"リストは、ときに、人生や暮らしの選択をするときの基準にもなります。

"やりたくない"リストは正直に書く

仕事、家庭・夫婦、美容・健康の３つに分けて。

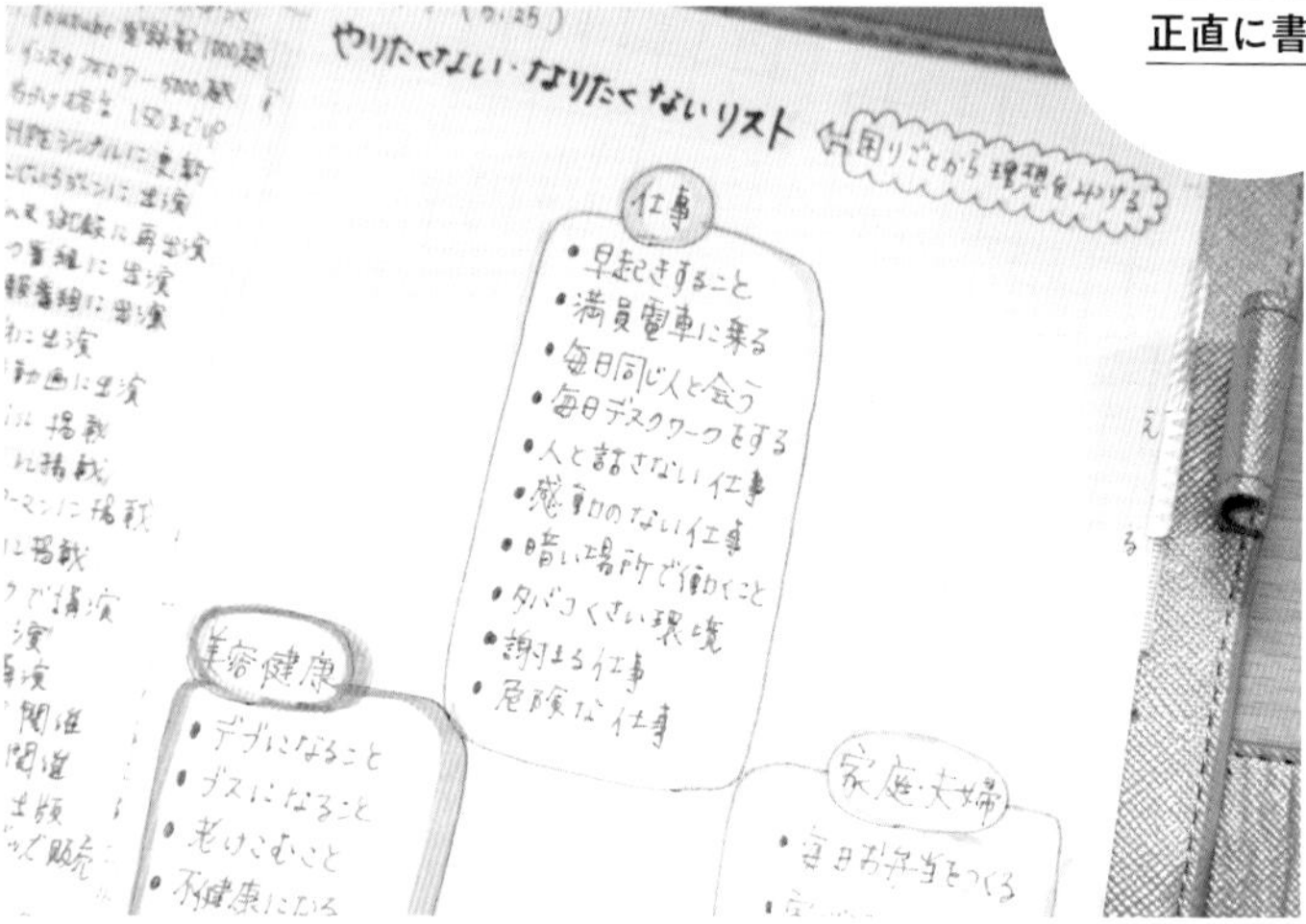

#003 ネガティブな気持ちは書いて消化

怒りもつらさも、はがゆさも、紙にぶつける。心を整えるシンプルな方法です

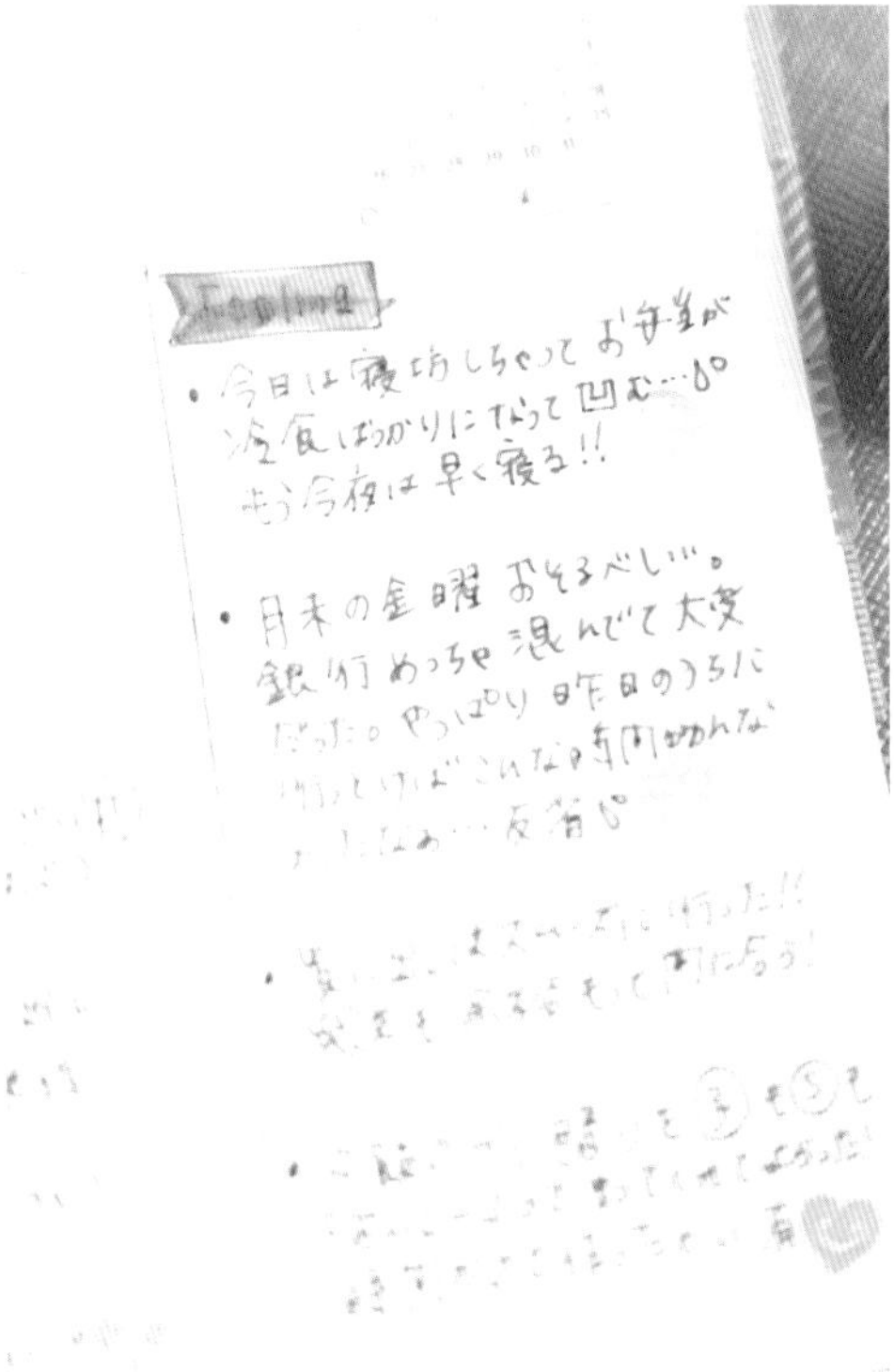

ネガティブな言葉に色をつけて消化のだめ押し。泣いているマークのハンコも。

負の感情はためちゃダメ。分かっていてもうまく消化できなくて、いつもストレス過多。そんな人には〝書いて吐き出す〟ことをおすすめします。

私は、その日のうちに消化してしまいたいから、夜ベッドに入る前に。1日をふり返りながら、手帳を開いて、もうひとりの自分に話しかけるように書きます。内容は何でも、いくつでも。

〝道路がめっちゃ混んでて、イライラマックス!〟、〝○○って言われた。ムカつくー〟。そんな風に、感情を込めて吐き出すと、スッキリ。怒りや悲しみ、つらさが鎮まって、翌日に引きずらなくてすむ。口に出して、家族に嫌な思いをさせることもありません。

#004 感謝ノートで幸せ体質になる

〝ありがとう〟の数が増えると、
自分の置かれた状況に満足できるように。
いつの間にかポジティブ体質になりますよ

寝る前に、その日に〝ありがとう〟と思えたことを3つ書き出します。うれしいことより嫌なことの方が頭に残りがち

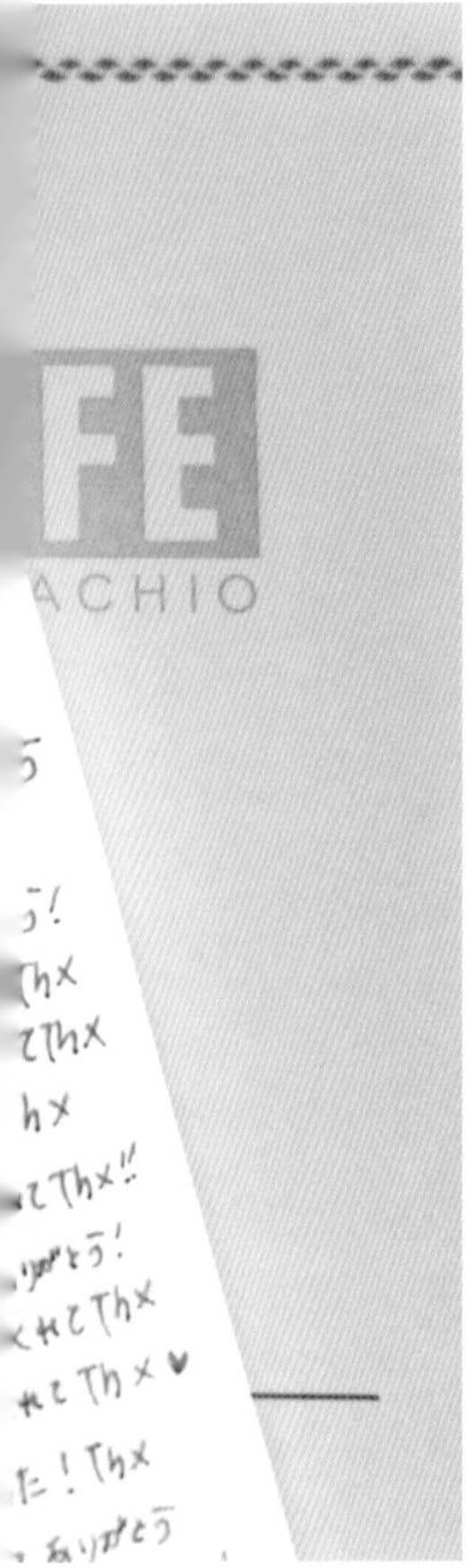

感謝ノートは笑顔のノート

感謝を書き込む専用ノート。1日3つか、それ以上書くと、それだけで幸せな気分になれる。

だけど、ありがたいなと実感できることがたくさんあれば、自己肯定感が上がって幸せ度もアップ。自分にも人にもやさしくなれるから、試してみて。

　雨がふる前に洗濯物を取り込んでくれてありがとう。買い物を手伝ってくれてありがとう。感謝の種は、何気ない毎日の中でも見つかるものです。

　思えば、今の暮らしそのものが当たり前じゃない。自然災害などのニュースを見るたびそう気づかされます。お風呂に入れるのも、電車が時間通りに発車するのも、実はありがたいこと。それを忘れずにいられるよう努力したいです。

#005 自分を褒めると自分をもっと好きになれる

よし、ＯＫ！の言葉は心の栄養。がんばった自分を認めてあげて

あれができなかった、足りなかった、私はなんてダメな人……。そんな風に自分を責めるクセがついていませんか？　みんな家事や仕事にがんばっているのに、反省ばかりじゃしんどい。自己評価が下がると、幸福度も落ちてしまいます。

私は、1日に1度、手帳で自分を褒めます。些細なことでもいい。たとえば〝ヘトヘトなのに、夕飯作れてえらかった〟と。すると〝今日もＯＫ！〟と素直に思えます。

以前は、私も自己否定ばかりの毎日でした。でも、この習慣を始めてから、自分を前より好きになれた。今家事や仕事に力を注げているのは、自分を受け入れ、自分はこれで大丈夫だと思えるようになったからです。

#006 1日5分のひとり会議で自分をいたわる

小さなメンタルや体調の変化は周りの人は気づきにくいもの。自分で自分のナースになりましょう

ひとり会議の相棒は手帳とペン

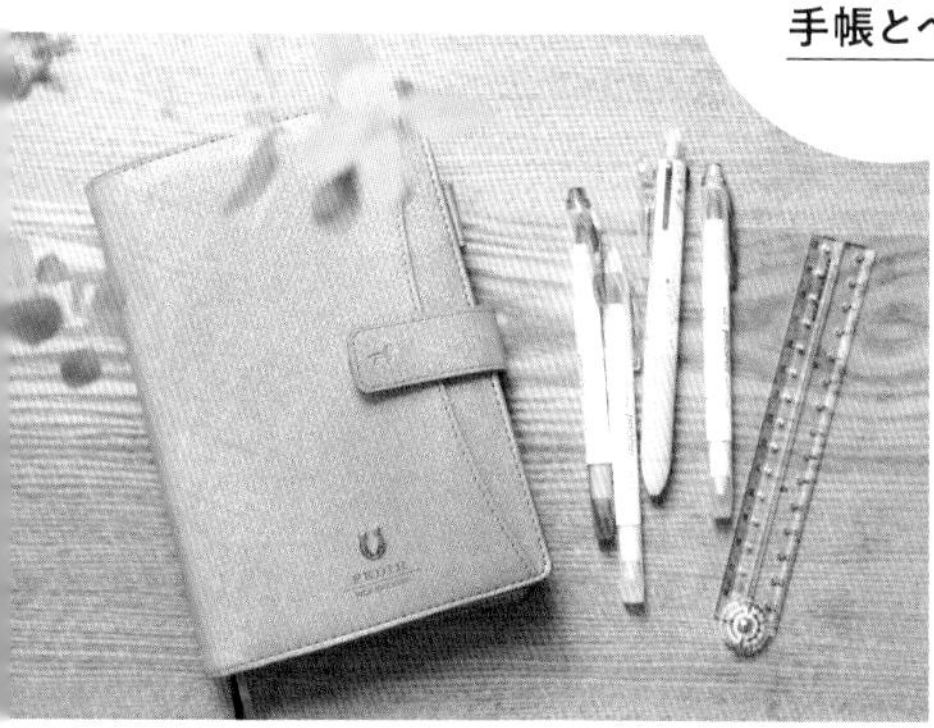

その日の体調や感じたことなどを記入。気持ちと体は連動しているから、自分の傾向を知ることができる。

子どもや夫の変化は気にするのに、自分の不調はなかったことにして後回し。それが慣れっこになっている人は、就寝前のひとり会議を。自分の体と心の声に静かに耳を傾けて。

日中に、「あれ……?」と気になった体調の変化を思い出し、記録しておく。ショックだったことも記録しておく。そして、それは改善してる? と自分と会話するんです。

健康はすべての基本。不調を早く改善できれば、翌日に引きずらなくてすむし、次に同じようなことが起きたときのカルテになります。

その後は、感謝ノート(P.26)や自分を褒める言葉を書く(P.28)時間に。

#007 60点で合格！100点じゃなくてOK

100点なんて誰にもとれない。
苦手なことは苦手と言って
自分を追いつめない

完璧な人なんていません。家事や片づけに満点もない。良し悪しのジャッジをし過ぎるとストレスの元。量も質もラクなゴールを設定しましょう。

たとえば掃除。根っからの苦手で、いくらやっても四角い部屋を丸く掃く状態なら、掃除の代行さんに頼んだり、家族に任せてもいい。自分でする以外に、今は解決方法がたくさんあります。

それに、家事の評価は人によって違うもの。ある料理を誰かが絶賛しても、他の誰かは別の評価をするかもしれない。価値観やものの見方は円錐のようなもので、上から見た形と横からの形は違います。見る方向によってまったく違う捉え方ができるのです。自分のできなさに一喜一憂する必要はないです。

＃008

自分の機嫌の取り方を知っておく

お金も時間もかからない発散法を用意。ストレスの芽は小さいうちに摘みましょう

気分転換したいときは、ドライブへGO！

家族を誘ってストレスをまめに発散。風に当たってリフレッシュ。

たまったストレスをどうやって解消しますか？　私の発散法は3段階。ストレスが大きくならないうちにすぐにできる、手軽な方法も用意してあるのがポイントです。

ひとつは、たとえば、思い立ったらすぐの夜のドライブ。1時間ほど車を走らせ、ファストフード店でドライブスルー。行き帰りの道順を変えたりするだけで心が晴れます。

2つめは海や公園に行くこと。自然に触れて、環境が変わるだけでリセットできるものです。

3つめは外泊や温泉旅行。3は特に大がかりでお金と時間がかかるけど、その前に、私には1がある。そう思えば、ストレスもたまりにくくなります。

#009

率先して自分の休日を確保

主婦に休みはない……はひと昔前の話。先取り&優先して自分のための日をつくる

手帳で“休みます”宣言

“off”の日は譲らない！自分でそう意識するために赤いペンで書く。

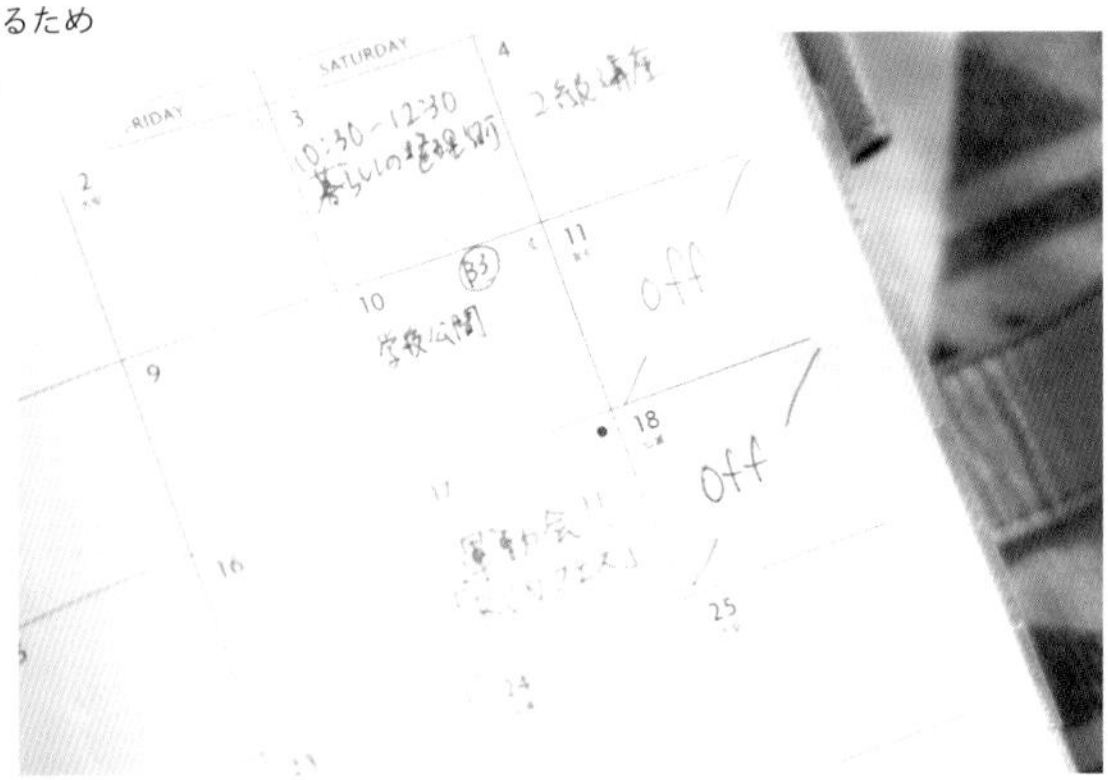

家族や仕事のためではなく、自分のために使える休日をとりましょう。確保するコツは〝先取り〟と〝優先〟の意識です。

私の場合、会社勤めではないので休日は不定期。何も考えずにいると、つい仕事の予定で埋めてしまうから、プライベートの予定は早め早めに計画してキープ。たとえ1カ月先でも、行きたいところややりたいことが思い浮かんだその日のうちにすぐ、手帳に目立つように赤いペンでoffと書く。他の予定が入りそうになっても、自分を優先するようにします。

休日はさぼる日ではありません。家事や仕事から意識的に離れてリフレッシュする日。そうすると、より日常をがんばれます。

＃010 小さなご褒美で自分をフォロー

休日は早起きしなくていい。そのゆとりが、平日がんばる力になります

小さなぜいたくを自分に許しませんか？　私のそれは、休日にいつもより遅く起きること。平日は6時に起床してお弁当を作り、バタバタと子どもたちを学校に送り出すけれど、休日だけは8時過ぎまでベッドでウトウト。家族も受け入れてくれている至福の時間です。

これってわがまま？　いえ、自分へのご褒美。何でもいいから、あなたも自分に効果的な小さなご褒美をあげてください。

私は子どもの頃から早起きが苦手。今も睡眠時間が足りないとボーッとしてパフォーマンスが落ち、手際よくお弁当が作れないことも……。でも、2時間余計に眠るだけでそれも回避できます。この習慣、止められません。

2時間まどろめば、疲れが消えて、気力と体力が充実してくる。

#011 あふれる情報にふり回されない

情報過多な時代。スマホは使い方のルールを決めて頭の疲れ防ぎましょう

あてのないスマホの閲覧は湯舟に浸っている時間だけ！　と決めています。これは、あふれる情報にふり回されないための自分との約束。

今は、本当に情報が多すぎます。匿名の書き込みは信憑性がなくて信じられないし、更新のスピードにも追いつかない。私には、仕事や買い物に必要な、確かな情報だけ検索できれば十分です。スマホは、ついエンドレスで関係のないことまで見ちゃうもの。それで時間を浪費したり、嫌な気持ちになっては損！　罪悪感が残るだけです。

情報過多で疲れてると感じたら、1日だけネットから離れ、モニターを見ないで過ごす。そんな距離の取り方もおすすめです。

#012 香りや音で自分を癒す

嗅覚・聴覚・触覚……。五感が喜ぶと心も自然と上向きになる

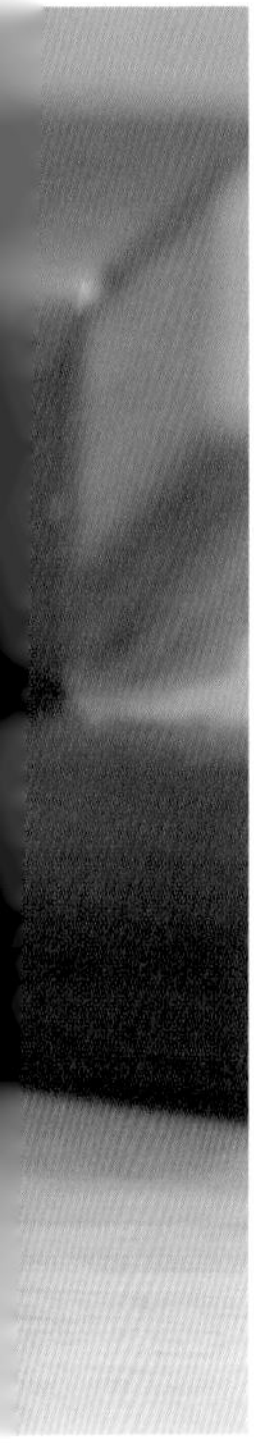

自分の好きな香りや手触り、音を知っていますか？ それは心のサプリメント。いつもそばに置いておくと、〝落ち着こう〟〝考えないようにしよう〟と頭で意識しなくても、自然に心と体が解放されて効果的です。

私の習慣はお風呂でのアロマ。大好きなイランイランやゼラニウムの精油を湯舟に垂らして、キャンドルに火を灯します。空間に充満した香りを嗅ぎながら、ゆっくり呼吸すると、癒し成分が脳の奥に届くのがわかって、心のコリが溶けていくようです。

夜、ベッドで同じ海の音を聴いて眠りにつくのも毎日の習慣。ガーゼ素材のタオルケットの柔らかい手触りも、安心感を得る大切なアイテムです。

アロマの精油を常備

直観で好き！と感じる香りを常備。嗅覚に心地いい刺激を送る。

妻として母として、職業人として、女性たちは、今、本当にハードな日々を送っていますよね。私もそうです。

でも、どんなに忙しくても1日は24時間。すべての人に同じだけ与えられた時間を、どう使えば満足できるのか。ここからは、みんなが抱える悩みを解決するアイデアを紹介していきます。

時間の整理のポイントはまず、譲れないことから手帳に書き出して、時間を〝見える化〟すること。可視化することで、ムダな時間をなくすことができます。

〝効率アップ〟も大事。働くときとプライベー

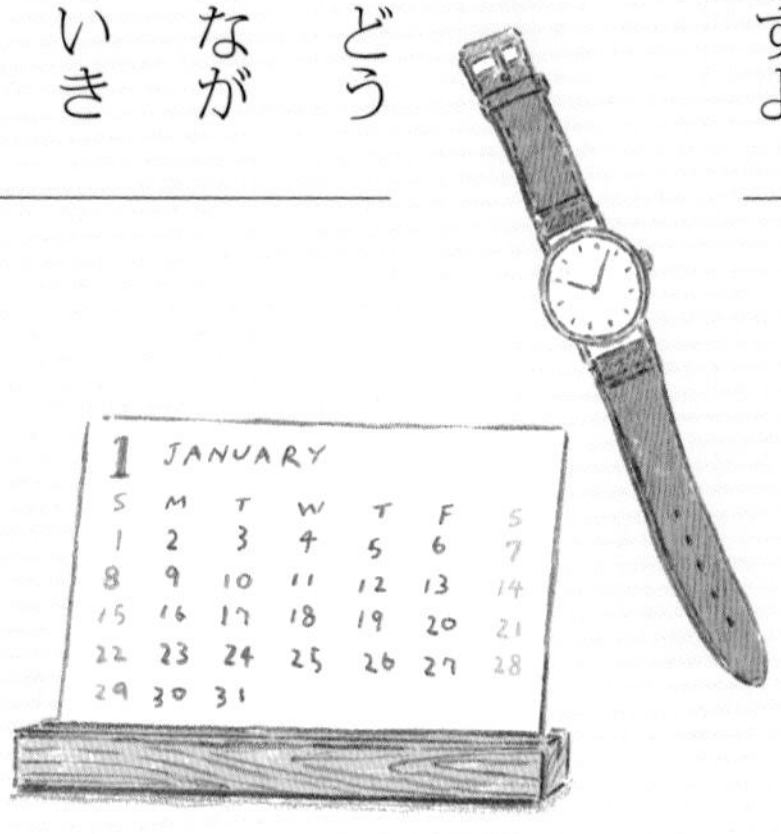

PART 2 時間を整える

トの自分、あるいは午前と午後という風に、時間を区切ってメリハリをつける意識をもつだけでも、1日の流れがスムーズになります。

そして、何より忘れないでほしいのが〝自分のための時間〟をとること。自分をおろそかにすると、気持ちが下がり、結局、暮らし全体の質が落ちてしまいます。それでは家族にも幸せをあげられません。時間の使い方も、もっと自分優先でいいのです。

時間に追われ、自分は後回し……。

忙しくてやりたいことができずにいる人へ

時間は見えないけれど、
すべての人に同じだけある有限の資源。
使い方次第で、暮らしのゆとりと
人生の充実度が変わります。

家族全員の予定を書き込むカレンダー。子どもに持たせるものやお弁当の予定もここに。

#013

オンとオフを区切る意識をもつ

仕事の時間をオンとするなら
家族との時間はオフ。
両方を充実させるには
気持ちも時間も切り替えること

「永里子はずっとお仕事してるよね。僕たちよりお仕事が大事なんだと思ってた」。

何年前だったでしょうか、息子にそう言われてハッとしました。責めるような言い方ではなかったけれど、家で長時間仕事をしている姿を見ての本音だったのでしょう。そんな風に感じていたのかと驚き、それから私は、オンとオフの時間を区切り、今まで以上に目の前のことに、特に、大切な子どもたちといる時間には、子どもだけに集中しようと決めました。

今はできる限り、夕方6時から8時半までをその時間に当てています。夫と対するときも、仕事をするときも同じ。気持ちにメリハリをつけてひとつひとつに向き合っています。

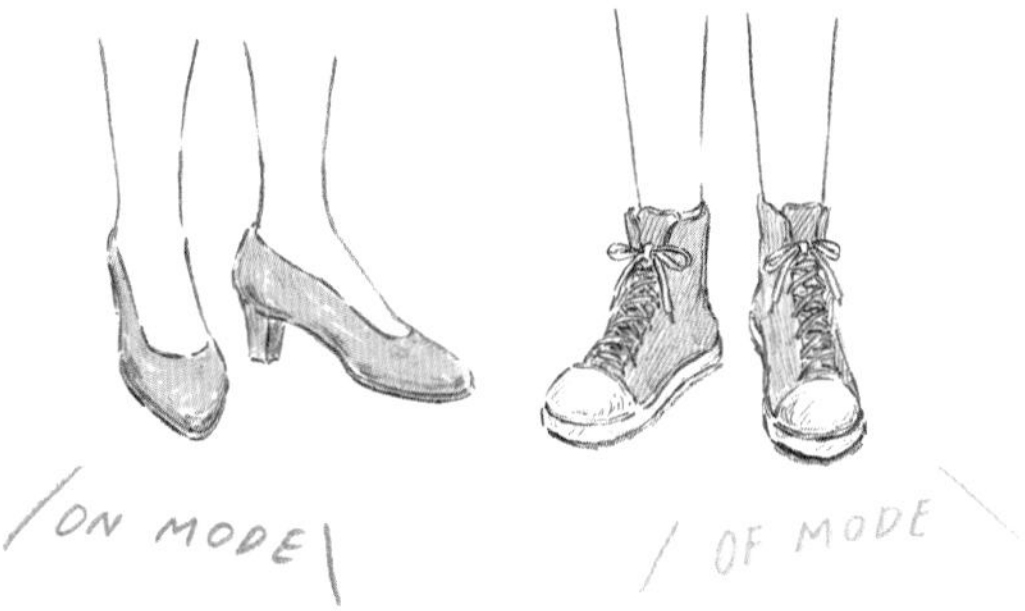

リラックスタイムは…

家族と一緒にくつろぐオフの時間。たまには映画を観たり、カードゲームを楽しむことも。

仕事をするときは…

ゲームを楽しんだ同じテーブルで仕事に集中。気持ちをきっちり切り替える。

#014
1日のTODOリストを書く

時間軸で1日の流れを把握。
ひとつずつタスクをクリアして
目指せ、仕事・家庭・自分の3両立！

その日にするべきこと・TODOリストは、メモページなどに箇条書きするより、左ページのノートのように、時間軸に当てはめて書くほうが効果的。時間の流れを想像しながら、どのタイミングで何ができそうかを考えておけば、スムーズに行動できます。

次にすることを迷わなくてすむし、銀行振り込みしてない！などとあわてることもなくなって、時間を効率よく使えますよ。

終わったタスクに色ペンで印をつけるのも楽しい！ 達成感と小さな成功体験の積み重ねは、意外に大きな力。仕事・家庭・自分の3両立の源になるのです。

#015
できなかったことは持ち越してOK

タスクの〝持ち越し〟は
ポジティブなあきらめ。
TODOリストは何度でも更新可

TODOリストを作っても、もちろんすべてをこなせないことはあります。そんなときは、別の日の欄に書き直せばいい。達成感を味わう楽しみがちょっとずれたと思いましょう。暮らしが予定通りに運ばないのは当たり前です。

手帳の上だけの話ではなく、私は、何か計画を立てるとき、目的を達成するための方法をひとつではなく、複数用意するようにしています。Aの方法なら近道、Bなら周り道、ダメなときはC退却……という風に。

ときには引き返してよし。変化に柔軟に対応できる自分でいたいと思います。

ある日の TODO

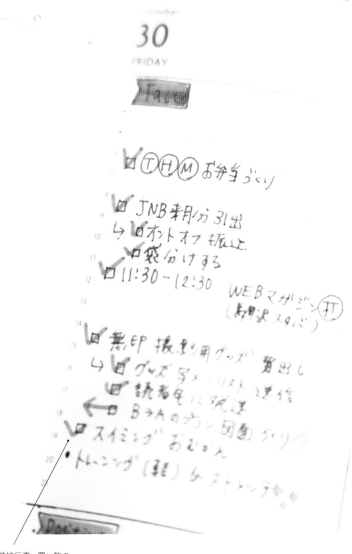

銀行振込、学校行事、買い物の時間まで書き出し、できたら、がんばった！　の気持ちでレ点をつける。

#016 家事にかかる時間を把握しておく

掃除機がけは20分。洗濯物干しは10分。時間を小分けにすると暮らしに余裕が生まれる

ちょっとした"すき間時間"にひと仕事

掃除機がけや洗濯物干しは、いつも同じ順序でするとより時短になる。

掃除機をかける、洗濯物を干す、夕飯の後に食器を洗う。毎日やらなくちゃいけない家事はたくさんありますね。私は、ちょっとした〝すき間時間〟を有効利用するためにそれぞれ時間を計っています。

どういうことかというと……。今日が出かける日としましょう。支度はできたけれど、家を出るまでにあと20分あるとしたら、それが〝すき間時間〟。

私が家じゅうに掃除機をかけるのにかかる時間は1階と2階を合わせても20分とわかっているので、「あ、今がチャンス。やっちゃおう！」となるのです。

できるかどうかわからないから〝止めておく〟が増えると、家事がたくさんたまって大変です。

#017 非効率な"ながら作業"は止める

同時進行は結局、時間と効率のロス。目の前のことだけに集中したほうがうまくいく

同時に2つ以上のことをしないようにしています。スマホをいじりながらご飯を食べたり、歩いたり。そういう"ながら作業"は、得なようで、実は損だと実感しているからです。

たとえば私が仕事をしながら子どもの宿題を見ようと思っても、結局どちらにも100%集中できず中途半端になる。それが嫌だから、優先順位をつけます。今はこれ、次はあれ。急がば回れです。

わが家では子どもたちも"ながら"禁止。2つやりたいことがあったら、ひとつずつ終わらせるように話しています。

ちなみに、音楽を聴きながら別のことをするのは、使う脳の領域が違うので影響がないそう。

後ですることはふせんに書いて見える化

今はPCに向かって仕事に集中。ハッと思い出したTODOは、忘れないように、ふせんに書いておく。

#018 ひとりの時間をしっかり確保

自分のためだけに使う時間が、
回り回って
自分以外の人を幸せにします

母になると、どうしても時間を子ども優先に使いがち。バリバリ仕事をしている人なら、毎日終電の時間まで仕事に没頭しているかもしれません。やらなくちゃいけないことがあり過ぎて、自分を忘れ、心を枯渇させている人は多いものです。

でも、そんなの自分がかわいそう。心が潤う、自分最優先の時間をもってください。

私の潤い時間はネイル。マニキュアがはがれかけた爪のままでいるなんて嫌だから、気になったときには、どんなに夜遅くても、疲れていても、塗り直します。すると、それだけで疲れてしおれていた心が満たされて、仕事も家事もはかどる。もちろん家族にもやさしくなれます。

#019 朝30分だけ早起きしてみる

集中力が冴える朝は、やりたいことがはかどる時間。"早起きは三文の徳"なんです

自分のためにおいしいお茶を煎れる、習い事をする、有休を取る。ひとりの時間にすることは何だっていい。

私は本来早起きが超苦手。早朝にジムで体を動かしたり、ホテルで朝ご飯を食べたりする流行りの朝活なんて絶対にできません(笑)

でも、気になる本があるときだけは、いつもより30分早く目覚ましをセットして起きます。まだ家族が寝ている時間に静かに本を開くと、なぜかスラスラ読める。内容もしみ込むように頭に入ってきます。たまにでいいから、みんなにもそんな時間をもってほしいと思います。

頭の隅にやりたいことがあっても、いざ1日が本格的にスタートしてしまうと、自分の気持ちを後回しにして仕事や家事に追われがち。だから、その少し前の30分を大切に。

020

行動目標を年、月、週単位で立てる

目標は自分へのエール。書き出すことで達成率が上がります

時間の長さを区切って、これからの自分像を具体的に意識するようにしています。今週、今月、そして今年。それぞれのスパンの行動目標を思いつくまま書くんです。

年単位なら、〇〇試験に合格するなど大きな目標が出てきたりする。週単位なら、日曜日までにテキストを2冊読むなど、大きな目標に向かうための小さな目標を思いつくこともあります。

キーボードで打たずに、手で書きます。書いて、書いたものを見て、確認。新しい目標を思

暮らしの柱である「仕事」「家庭」「自分」それぞれの目標を

そのときに叶えたいことや行動の指針を書く。気になるキーワードにはマーカーで色をつけた。

今年の行動目標

何度も見返したいから、手帳のページいっぱいに。

8つのテーマを掲げて1枚の絵にように

家庭、仕事、健康、お金、美容、時間、学び、もの。それぞれに目標を。

「仕事の目標」を書いて自分の背中を押す

文字にすることで気合が入り、目標が現実味を帯びてくる。

実現可能な「子どものための目標」もリストアップ

お弁当とアルバム作り。書き出したその目標は自分との約束でもある。

「自分の目標」もおろそかにしないでちゃんと書く

月の目標は年単位の目標より具体的。この月は食と運動を重視。

今月の行動目標

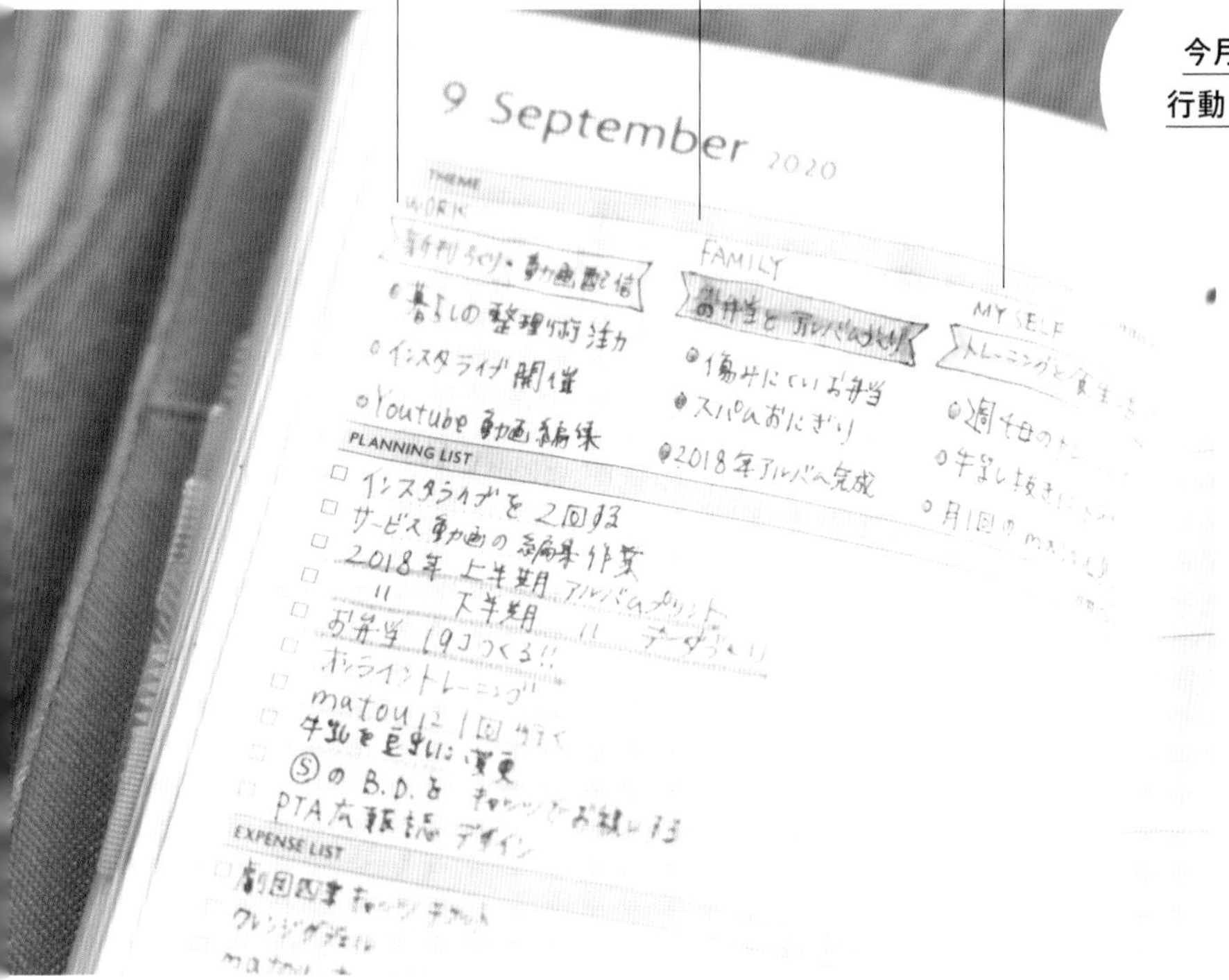

上は大きな月の目標。下はそれを達成するためにすぐ行動できる具体的なリスト。自分の中でその種類を分けて整理する。

いついたり、方向を修正したいことが見つかれば書き直し……。何度もくり返していると、書いた行動目標そのものに触発されて、自分がどんどん更新されていくよう。何を目指したいのかを強く自覚できるから、実現しやすくなって達成率もアップ！

目標は上の写真のように、内容を分けて表組のように整理します。〝仕事・家庭・自分〟の欄には、暮らしの柱になる大きな目標を。その下の欄には、がんばれば実現できそうなもう少し具体的で身近な目標を。1枚の紙にいっぱい詰め込んで、未来の私を応援するんです。

\# 021

マスト事項はアラームで強制スタート

アラーム音は〝やり忘れ防止〟の合図。時間のロスがなくなって大助かり

音が鳴ると同時に、気持ちのスイッチも入る。

手帳に書いておいても、忘れてしまうことはたくさんありますよね。

たとえば決まった曜日に出さなくちゃいけない資源ゴミ、週末に実家の親にかける約束の電話……。このタイミングを逃したらアウト！　ということがわかっている場合は、スマホのアラーム機能を使って〝やり忘れ防止〟をしましょう。

決まった時間に定期的にアラームが鳴るようセットして、スマホに教えてもらうんです。

私がうっかり忘れてしまいがちなのは、ブログ書きとそのアップ。そのまま気づかなかったら大変ですが、スマホにまかせてあるから安心。〝ヒヤヒヤ防止〟にもなります。

#022 効率アップの秘訣は「AM＝頭を使う。PM＝動く」

1日を2つに分けるだけ。
自分の力を
惜しみなく発揮するための
シンプルな方法です

人の思考力や判断力は充電池のようなもの。深く眠れた翌朝、頭がスッキリ冴えていると、充電が満タンになって思考力や判断力が戻ってきたと感じます。実際、脳は睡眠中も働いていて、記憶の整理や機能の修復をしているそうです。

集中力がいちばん高まるのは、起床後2〜4時間。そんな摂理に従って、私は1日を大きく午前と午後に分けて考えるようにしています。

自由に時間を組み立てられる日は、午前中に企画書作りや献立作りで頭を使う。午後になったら、ファイリングなどの単純作業や掃除、片づけをして体を動かす。それを意識するだけでパフォーマンスが上がります。

#023

”探す“時間を徹底的にカット

スマホとにらめっこする時間も
ものを探して歩き回る時間も
人生最大のムダ！

最近いちばんムダだなあと思うのは、スマホでもの探しをする時間。欲しいものと扱う店に迷って画面をスクロールし続ける、あの終わりの見えない時間の浪費をなくすために、私はショッピングサイトをひとつに絞っています。あっちこっちに飛ぶのは禁止。そう自分に約束しました。あらかじめ欲しいもののリストを用意しておくのも習慣です。

部屋でものを探す時間ももったいないですよね。必要なときに服や小物が見つからず、あれこれ探し回っているとイライラが急上昇。気力も体力も消耗してしまう。回避するには〝ものはいつも同じ場所に置く〟をルールにする。それしかありません。

#024

何もしない、何も考えない時間をつくる

頭を使わずぼーっと1分。それは、心のモヤモヤを晴らし気持ちを次へ向かわせる魔法の時間

たった1分、30秒でもいい。疲れている自分に気づいたら、頭をからっぽにしましょう。なーんにもしない。なーんにも考えない。瞑想をするみたいなイメージで。

私がそれをするのは、目の前の家事に集中できないときや、仕事がぎゅうぎゅうに詰まっていて注意力が散漫になっているとき。手を洗ってからソファに座り、目を閉じて深呼吸します。そう、頭にたまったモヤモヤを追い出す感じです。

そうすると、不思議とモヤモヤが晴れて、気持ちは自然にリセット。だらだらと区切りのなかった場面を切り替えられるから、さあ次！という気になる。次の行動のレベルが上がります。

PART

3 住まいを整える

家は家族のベースメント。私は、住まいを整えることは、そこで暮らす自分に対する礼儀だと思っています。

単純に目に見えるものが片づくだけではありません。部屋がスッキリすれば、誰だって気持ちがいいから、仕事や勉強にもっと前向きになれます。それは心を整えることであり、未来への投資でもあるのです。

いいことは他にも。たとえば時間。ものが散乱していなければ、使いたいものがすぐに見つかるからロスをなくせます。

調理道具や日用品などがすべて見渡せるようにしまってあれば、間違って同じものを買わなくてすむから、お金の節約にも。

「はやく片づけて！」、そんなセリフを言わなくなれば、イライラもケンカもなく、家族仲だってよくなります。

掃除や片づけをひとりで抱え込むのは大変だから、家族でシェアすることも忘れずに。次ページから紹介するアイデアの中から、自分に合うものを見つけてください。

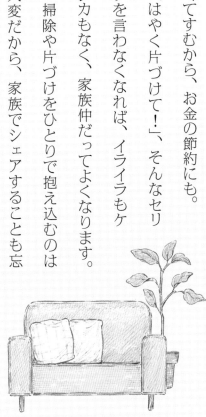

「片づけなくちゃ」と
プレッシャーを感じている人へ

空間に対して、
ものが100%を超えたと感じたら始めどき。
部屋の整理は
すべての整理のスタートです。

12畳のリビングはいつもスッキリ。掃除や片づけも家族でシェアしている。

#025 床にものは置かない！

〝とりあえず下に置く〟は止めましょう。床面が広いだけで心にゆとりが生まれます

約12畳のリビングルーム。床を大きく開けて広さを視覚的に確保している。

外出先から持ち帰ったバッグ、買い物袋、脱ぎっぱなしの服、おもちゃや読みかけの雑誌……。床置きになっているものはありませんか？

部屋を手っ取り早くスッキリ見せるコツは、床を見せること！見えている床の面積が大きい分だけ、広く感じられます。

〝まあ、いいか〟と放置しないで、〝出したものを元あった場所に戻す〟を徹底しましょう。それだけで心にもゆとりが生まれて、よりゆったりとくつろげますよ。

家具も必要最小限に。わが家のリビングには棚をいくつか並べていますが、人の背より低いものを選んでいるので、圧迫感もなし。これも広さを感じる工夫のひとつです。

#026 部屋の中は3色までに

広々と見えるだけじゃない！
色が少ない分だけ
ストレスも半減します

スッキリ暮らすためには、部屋に色を氾濫させないことが大切。普段何気なく目にしている家具や小物がごちゃごちゃと感じられるかそうでないかは、色数によって変わります。

まず、壁や天井に多く使われる白は、部屋のベースになる色として除き、床や家具、カーテンやベッドカバーのファブリック類など、それ以外に大きな面積を占める色を3色くらいまでに絞ってみてください。

カラフルなおもちゃや雑多な日用品は、かごや箱で目隠しを。

わが家の寝室の3色は家具や床のナチュラルな茶系と、ファブリック類のグレー、観葉植物の緑。色数の少なさが気持ちを落ち着かせてくれます。

茶 brown　グレー gray　緑 green

壁や天井の白を除き、3色でまとめた寝室。気持ちよく眠れます。

#027 マットは敷かない

**玄関もキッチンも
床そのままでいい。
洗濯や掃除の時間も
短縮できます**

トイレマット、キッチンマット、玄関マット……。お店には場所別のマット類がたくさん出回っていますね。汚れ防止の意味があるとはわかっていますが、私はあえて極力敷かないようにしています。

　なくした理由は、掃除機をかけるたびに移動させるのが面倒なこと。敷いたままにしておくと、下にゴミがたまってしまうのも嫌。マットがあると見える床の面積も小さくなって、空間が狭く見えるのも困ります。

　わが家で常に使っているのは、子ども部屋のプレイマット、リビングの防寒用ラグ、バスマットだけ。見た目だけでなく、掃除や洗濯の手間と時間も一緒に整理できました。

キッチン(左)と玄関(右)。床の油汚れや皮脂などは、フローリング掃除用のシートで拭くだけでOK。

#028 ゴミ箱の数を減らす

部屋にひとつずつは必要なし。数を減らせば回収の手間が省けます

家の中にいくつゴミ箱がありますか？　各部屋にひとつずつ？　テーブルの脇などに常備している人もいますよね。一見便利そうですが、実はこれ、スッキリライフの妨げになっているかもしれません。

まず、数が多いと、ゴミ出しの日の朝、家じゅうを歩き回ってゴミを回収するのが大仕事！　さらに、ゴミ箱があることに安心し、あちこちで飲んだり食べたりすることも。気持ちの油断が生まれて、結果、食べカスなどが散らばってしまいます。

そんなことから、わが家ではキッチンとリビング、寝室用の3つだけに。キッチンの大きなゴミ箱は、他の場所からのゴミを最終的に集める、いわば〝集積所〟にしています。

キッチンの収納庫にもうけたゴミ集積所。横のラックは不燃、資源ゴミの置き場所。

#029 よく使うものほどゆとりをもってしまう

文具（上）もキッチンツール(中段と下)もスタメンをひとつずつ収納。

日用品を2つ以上持つのは場所とお金と時間のムダ使い

色違いや形違いで同じ目的の文具やカトラリーをたくさん引き出しやケースに入れている人が多いですね。それ、全部必要ですか？

実際に使っているものは一部のはず。使わないうちに古びてしまうこともあるし、引き出しがごちゃついていたら、それだけでストレス！　見つけるための時間もロスだし、また同じものを買う羽目になって、余計な出費をしてしまったり……。

日用品は本当に使う自分に合ったもの、つまり〝スターティングメンバー〟がひとつあれば十分。使わない補欠メンバーは持たないようにしましょう。1個しかなければパッと見で探せて、収納場所もスッキリです。

#030 使わないものは1年で手放す

〝いつか使うかも〟はたいてい思い込み。さよならをしても困りません

いつか使うかもしれない。なんとなくもったいない。そう思って捨てずにため込んでいるものを見直してみましょう。ショップ袋やラッピング用の紙やリボン、コンビニエンスストアでもらった割り箸、遠い昔に買って今は使っていない小型家電などなど、思い浮かべるとけっこうあるものです。

家に置いておくものは、過去でも未来でもなく〝今〟を軸に。実際に使っているものさえあれば暮らせるはずです。私は、手放すまでの期間を近々の1年と決めています。

誰かの役に立ちそうなものはリサイクルショップなどに出してもいいし、フリマアプリなどを利用してもいいですね。

ため込んだものを洗い出してみましょう

1年以内、または今シーズンに使ったもの以外手放すのが吉川ルール。

#031 消耗品の消費サイクルを知る

不安心理の解消と省スペースを両方を叶えましょう

消費サイクルを知っておきたいものリスト

- □トイレットペーパー
- □ティッシュペーパー
- □シャンプー&リンス
- □洗濯洗剤
- □歯ブラシ
- □コスメ類
- □しょうゆ 油などの調味料
- □キッチンペーパー
- □ラップ類
- □ペットボトルの水

上の消耗品は、あわてずに消費サイクルに合わせて買い出しをする。

自然災害が起きたり、新型コロナウイルスが流行ったり……、先行きが不安な今。日用品を買いだめする人も多くいるようですが、果たしてそれで、不安は解消されますか？

不用意な買いだめは予算オーバーの元。本当に必要な人にものが行き届かなくなれば、心も安らぎません。重要なのは、買いだめより、自分の家族の消費サイクルを知ることです。

わが家は6人家族。トイレットペーパーなら、12ロールを1カ月程度で使い切るとわかっているから、1サイクル分だけストックしておけば十分。2020年の春、買い占めのニュースが話題になりましたが、この考え方であわてずにすみました。

#032 ものの量は、収納スペースから決める

例えばフェイスタオルは、ひとり1枚ずつ。大切なのはキャパオーバーしないこと

収納は、まずしまう場所から考えるのが基本。場所が決まったら、そのスペースに収まるだけの量を持ちます。家のスペースは限られた貴重な空間ですから、あふれるほどため込まないことが大切です。

たとえば下の写真はタオルの収納場所。家族6人分で、ラック2段だけです。その中にフェイスタオルを8枚、バスタオルは6枚、あとはキッチンやトイレ用の洗い替えを数枚。収まる量から枚数を逆算してキープし、上から全体を見渡せるようにしています。

タオルも消耗品。長く同じものを使い続けるより、必要最低限を1〜2年程度で使い切って新品と替えるほうが清潔。気持ちもいいものです。

家族6人分のタオルがここに。一目で見渡せるようにしまってある。

#033 食べる場所を1カ所にする

大人も子どももソファやベッドで飲食禁止。それだけで自然にゴミの量が減ります

家の中がいつもなんとなく汚い。掃除機をかけてもかけても、なんだかスッキリしない。漠然としたそんな不快さの原因は思いがけないところに潜んでいるもの。意外と多いのが、食べ物から出て散らばる小さな食べカスです。

大きなゴミは目で見て拾えますよね。でも、部屋の隅やマットの隙間に紛れ込んだお菓子の粉や、指から家具に移った油分などは、徹底的に掃除しなければ消えてはくれません。見過ごしたら、結局、後始末が大変。

そこで、わが家では飲食ができる場所を1カ所に制限。ダイニングテーブルでというルールをみんなで守っています。食べカスがないと、掃除機をかけるのも拭き掃除もラクですよ。

吉川家の飲食スペース。"ながら"はせずに、座って食べることだけに集中するのが決まり。

#034 片づけ初心者は箱収納を

何を入れてもOKの
"何でもBOX"。
中を仕切らず
ポンポン収めるだけで
部屋がスッキリ

しまってあるのはおもちゃ類。入れ方には一切口を出さず任せている。

吉川家の子ども部屋の一角。4人の子どもたちは、それぞれひとつずつ"何でもBOX"を持っている。

片づけが苦手な人、たとえば幼い子どもに完璧を求めるのはむずかしいもの。思い通りにできなければこちらのストレスも倍増します。

そこで役立つのが箱。何を入れてもいい大きめの箱、名づけて「何でもBOX」をひとりひとつ用意してみてください。

視覚的にごちゃごちゃしたものを見せないことが、部屋をスッキリさせるコツ。ごちゃついているな……と思ったら、箱にポイ！　っとすれば完了。片づけ下手な人でも子どもでもこれならすぐにできます。

ものは床（平面）に散らばっていると気になりますが、箱に収まっていれば平気なもの。簡単で効果的な片づけテクです。

#035

よくに使うものは引っ掛け収納を

フック類をフル活用。
引き出しを開ける、探す、
元に戻す……の
手間と時間を省略できます

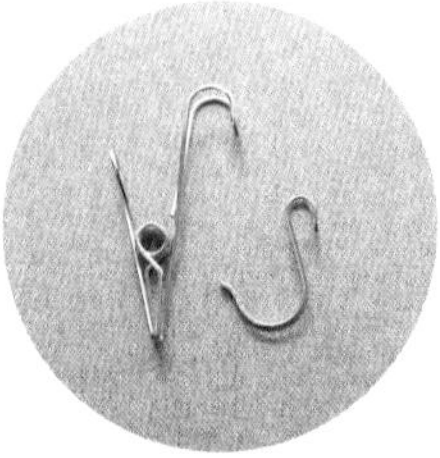

右のS字フックは二重タイプ。ワイヤーが2本あるのでぐらつかない。左は洗濯ばさみの役目も果たす2ウエイタイプ。ともに「無印良品」。

バッグと自転車用ヘルメットは壁づけフックに

子どもたちの外出セットは、玄関の近くに。フックに色違いのマスキングテープを貼って人別にしているので、自然と片づく。

ハンガーは洗面所の棚下に

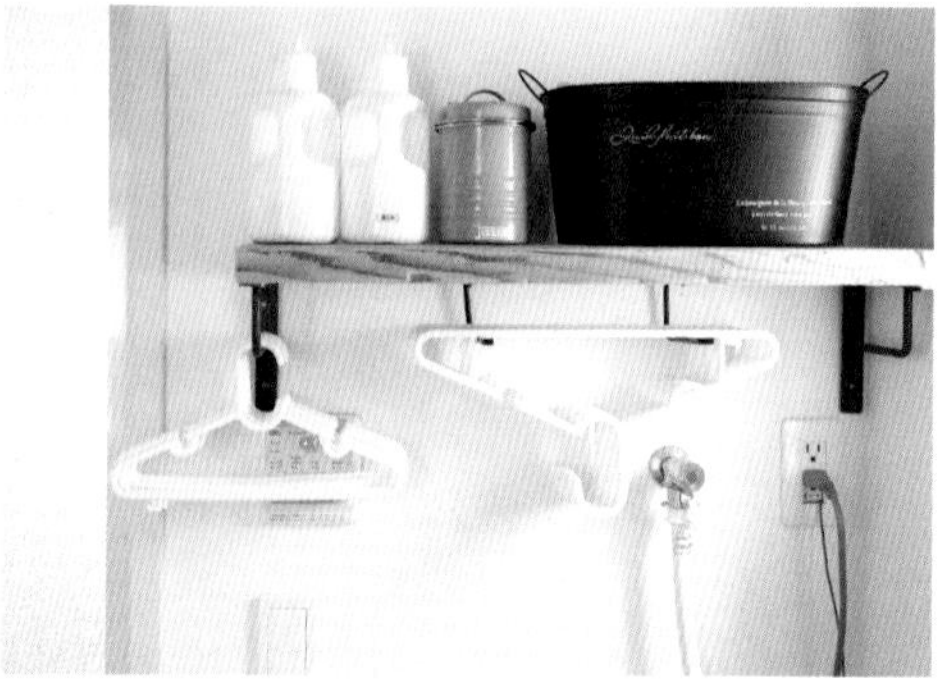

ハンガーの形や色をそろえるとより整然とした印象。掛けるときは向きも一定にしている。

毎日のように使うものや、出かけるときに身に着けるものは、収納スペースにしまい込まずにフックなどを使って引っ掛け収納を。収納庫の扉を開けて↓探して↓扉を閉めるという動作がないだけで、ものを取り出すときの動きがスムーズになり、時間も短くてすみます。片づけが苦手な子どもにもできて、ストレスフリーです。

私の引っ掛け収納は、出しっぱなしではなく〝出し並べ〟。整然ときれいに見えなくちゃ意味がないから、掛け方にもひと工夫しています。たとえば、引っ掛けるものの向きをそろえたり、掛ける位置に変化をつけたり……。おそろいのフックを使うのも楽しいですよ。

傘立てラックにもS字フックを

下に置くと倒れて乱れがちな長い傘。引っ掛ければまっすぐそろって見た目もきれい。折りたたみ傘はS字フックに。

洗濯機前にはバスマットを

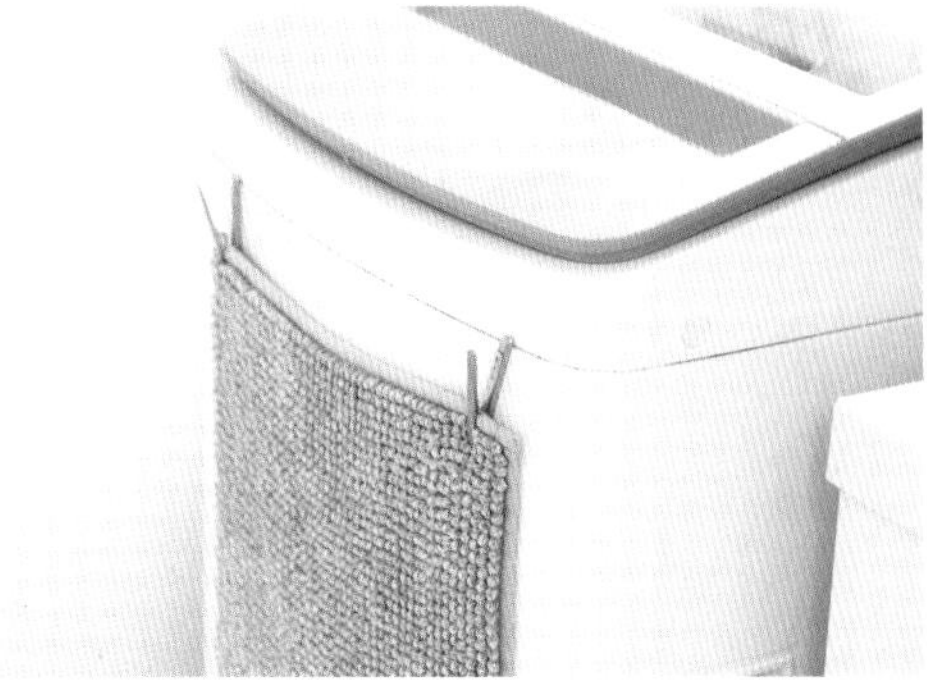

「IKEA」で購入したマグネットタイプの洗濯ばさみを利用。バスマットは洗ったらこの位置へ戻して、定位置管理。

#036 ラベリングを工夫して収納を楽しく

ラベリングには
マスキングテープの
色分け整理がおすすめ。
はがせるのも魅力

ラベリングに重宝するマスキングテープは引き出しの中に。色や模様ごとに使い分けている。

バッグを掛けるフックは色で仕分け

P.68で紹介した引っ掛け収納のフックをアップで見たところ。マスキングテープの色で誰の場所かがわかる仕組み。

子どもの引き出しには名前とマスキングテープを

小物や文房具などをしまう引き出しケース。名前の一部が書かれた紙に、色つきのマスキングテープを貼って人別に管理。

「あれ、どこにしまってあるんだっけ?」「ほら、あのラックの上から2番目よ」。そんなやり取りをなくし、家族みんなが必要なものを探し回るムダな時間を減らすには、ラベリング収納がいちばん。引き出しにも、個人の収納スペースにも役立ちます。

家族が多いわが家で大活躍しているのは、マスキングテープを使ったラベリング。人ごとに色を決めて貼るだけだから簡単。文字を書く手間もないうえ、簡単にはがせるのもうれしいところです。

ラベルライターを使って文字を書いたオリジナルのシールを作ったり、絵を貼ったりするのも楽しいですよ。

家族の思い出は月日ごとに収納

右はカメラ、左は家族のアルバム。半年ごとに整理してあるから、写真をすぐに見ることができる。

しまってあるものの絵をプラスして…

この中には子どもたちのゲーム機やソフト類が。ラベルに絵をつけて、子どもたちの片づけ心を刺激する。

#037 子どもには"自分の場所"という意識をもたせる

ものも場所も人別に管理。片づけたい気持ちを自然にうながします

小さくても子どもには大切な場所。取り出しやすさも考えている。

片づけが苦手な人、とりわけ子ども(夫にも)には、"自分の場所"を提供してあげることがとても大切。そういう意識をもてると"きれいにしたい"、"ものを大事にしたい"という思いが芽生えます。

反対に、今いるところが"誰の場所でもない"と思えば、愛着心は半減。誰かがやるだろう(主に母が!)と整理整頓も雑になってしまいます。

わが家のリビングにある棚は、各自のスペースを決めて管理。使うときも片づけも、自分で責任をもつように任せたら、それぞれがちゃんとできるようになりました。

大人も同じ。自分の場所だと思うと整えたくなるものです。

#038 夕食前にリセットタイムをもうける

夕食10分前にテーブルの上を一掃。ものだけでなく気持ちも切り替わるおすすめの習慣です

時間になったら
片づける…が
当たり前になった！

継続は力なり。最近はうながされなくても子どもたちが自ら動く。

わが家は賃貸の一戸建て2LDK。子どもそれぞれに個室はないですし、勉強机もありません。基本的に大人も子どももダイニングテーブルで仕事や宿題をします。

おのおののやり方で自由にテーブルを使いますが、夕食が始まる19時10分前になると、上に置いてあったものを各自片づけ始めるのが習慣。何もない状態に戻す、このリセットタイムがいつしか身につきました。

1日1回、出しているものを片づける。たったひとつの約束で、部屋が散らかったまま次の日を迎えることがなくなります。この時間を境に、意識も個人から家族へ移り、団らんも豊かになります。

＃039

シェアデスクでプライベートを確保

大人のリモートワークや集中したい子どもの勉強時に大活躍。ひとりになりたくなったら、ここにくればいい

個人のものは何も置かない家族共有のローデスク。シェアオフィスのような心強い存在。

家族全員が個室をもてる家庭は多くありませんよね。わが家もそう。子どもたちはみんなダイニングテーブルで勉強をしますし、私も仕事は同じダイニングテーブルで。普段はそれで支障ありませんが、ときには、ひとりになって集中したいこともある……。

そこ考えたのが写真のシェアデスク。2階にある子どもたちのスペースの一角に置いてあり、誰もが自由に使いたいタイミングで使えます。

最近は、会社に所属していても、出勤せずリモートワークする人が増えています。書斎や仕事部屋がなくても、こんな風にプライベート空間を確保できる工夫をどうぞ知ってください。

#040 家事は家族全員でシェア

〝私ばっかり……〟はもう止めましょう。夫にも子どもにも任せていいのです

家事は主婦がするもの。その考えは古いとわかっていても、本音を押し殺して家事をひとりで引き受け、ストレスを抱えている女性は多いもの。そんなの大変すぎる！

うちでは家族全員でシェアするのがルール。「どうして私がひとりでやらなくちゃいけないんだろう？ あなたも家族の一員なんだからお願いね」と言って、できることを任せます。

たとえば、子どもにはトイレ掃除や掃除機がけを年齢によって、または曜日ごとにふり分け。夫は週末の家事や、背が高いから換気扇やエアコンの担当です。

〝抱え込まない〟という強い意志をもってください。自分を開放していいのです。

洗濯物の取り込みも子どもたちの分担。自分たちで工夫し、次男から四男に手渡しするリレー方式を採用（左）。取り込んだらたたんで、自分の引き出しへ（上）。慣れてしまえば、みんな上手にやってくれる。

ここから紹介するのは、家族とのコミュニケーションのアイデアです。

どんなに仲のいい家族でも、小さな気持ちのすれ違いは起きるもの。一緒に暮らしているのに、「なぜわかってくれないの?」「なんで私ばっかり家事を?」と、相手にずっと不満を抱えているのはしんどい。だから、もっと仲よく、気持ちよく暮らせるように自分なりのルールをつくりました。

ひとつは、子どもたちや夫への、自分の気持ちの伝え方。どんなときも黙っていないで、届く言葉を口にすることが大事。言わなければ伝

PART

4

人間関係を整える

わりません。

〃人は変えられないから、まず自分が変わる。そうすると相手も変わっていく〃。

そんな考えから、怒りがこみ上げたときや、お説教したいときの話し方を工夫しています。

絆を深くするための時間づくりや、家族みんなで守る共通の約束ごともあります。

どれも家族とまっすぐ向き合うシンプルなルール。ぜひ取り入れてみてください。

「どうしてわかってくれないの？」と
家族にイライラしてしまう人へ

気持ちを伝える秘訣は
ちゃんと言葉にすること。
「ありがとう」「ごめんなさい」は
最強のセリフです。

時間が合えば、歩いて買い物へ。他愛ない会話にイライラも溶けていく。

#041 怒りがこみ上げたら、その場を離れてひと呼吸

ひとりになれる緊急避難場所でストレス消化。家の中ならトイレやベッド！

怒りが充満している場所から、一旦退避。
気持ちが鎮まったら笑顔で外に出る。

私のアンガーマネージメントは、感情がこみ上げた瞬間に、ひとりになれる場所にさっと移動すること。〝もう、どうしてわかってくれないの!?〟と否定的な言葉をぶつけてことが大きくなる前に、とにかくその場所から退避します。

家の中なら、おすすめの緊急避難場所はトイレやベッドの中。些細なことで夫と意見が対立したときも、子どもに声を上げたくなったときも、そこ。狭くてひとりになれるから、頭を冷やすのにもってこい。目を閉じて10秒もすれば、頂点だった怒りがおさまってきます。

そうすれば言いたいことを冷静に伝えられる。余計なけんかになりません。

#042

ユーモアを交えれば、不満もちゃんと伝わる

トゲのある言葉より、笑顔を誘う言葉を。その方がお互い気持ちいい

「お風呂を沸かしておいて」と子どもに頼んでおいたのに、できていなかった……。そんなときは？

OK!

大変！
妖怪のしわざかもしれない！
お風呂が沸いてなくてからのままなの

NG

ちゃんと言っておいたのに、なんでできてないのー？

夫に不満を言うときは、「大変！　事件が起きたかも!?」が枕詞。笑いながらちゃんと反省してくれる。

子どもが、約束しておいた家事の手伝いを忘れたとしましょう。自分が忙しい日だったら、疲れも手伝って、感情的にストレートな不満をぶつけてしまいそうな場面です。

でも、尖った言葉で言ったら、子どもは気分がよくない。かといって、黙っていたらこっちのイライラも募る一方。どうする？

私は、ぷっと吹き出しちゃう言葉を使います。家事ができていないのは妖怪や座敷童のしわざ、それが定番フレーズ。架空の存在のせいにしちゃうんです。

人との関係が険悪になる原因って、内容より微妙な言葉のトゲや言い方だったりするもの。ユーモアを交えた方が伝わる場面はたくさんありますよ。

#043 "私"で始める思いの届け方

「"私"が悲しいから、○○してね」。
自分を主語にすると、相手の心が変化する

"私" = "I"。私から始める話し方は、アイメッセージというコミュニケーションテク。怒りを伝えるときにも表現が柔らかくなり、関係にひびが入りにくい。

相手にお願いしたり、怒りの気持ちを伝えるときは、"私"を主語にして話してみてください。マイナスのことでも伝わりやすくなりますよ。特に子どもとの会話に効果あり！

たとえば、子どもが急に道路に飛び出したら、「あなたがケガをしたら"私"が悲しい。だから気をつけてね」という感じ。子どもは、お母さんが悲しいなら気をつけようと素直に思えます。でも"私"を入れずに「どこ見てるの！　飛び出しちゃダメ！」だったら、怒られたショックだけが残るかもしれません。

「なんであなたはできないの？」ではなく、「ママ、○○やってくれたらうれしいな」と主語を"私"に変換してみて。

#044

言葉の"くり返し"でお説教をなくす

絆を深めるシンプルな会話テク。
相手に安心感を与えられます

テストの点数が低かった子ども。
「理科がダメだったんだ、がんばったのに」と
打ち明けてくれたら……

OK!
そうなんだね。
理科がダメだったんだね、
がんばったのにね

NG
授業でちゃんと
先生の話を
聞かなかったんじゃないの？

子どもだけでなく、大人同士の会話にも効果的。日常に生かしてみてください。

家事や仕事に追われていると、家族みんなと話す時間をなかなかとれませんよね。子どもにさみしい思いをさせていないか気になる？　その心配は、子どもが話した同じ言葉をくり返すことで解決できます。

「今日、〇〇ちゃんに〇〇って言われちゃったんだ」と子どもが打ち明けてくれたら、「そうなんだ、〇〇ちゃんに〇〇って言われちゃたんだね」とくり返せばいい。シンプルなやり取りだけど、話を聞いてくれた！　という満足感を与えられます。

余裕があれば、「それで、どうしたの？」と質問をして、会話を深くしていきます。でも、勝手に結論を出したり、お説教したりしないこと。

#045

小さなことにも"ありがとう"

何度言っても言われてもうれしい、コミュニケーションの最強ワード

1日に何度でも"ありがとう"を言うように心がけています。それは人とのいい関係を築くための最強ワード。言わなくても伝わるなんてことはなくて、口にしてこそです。

家の外で会う人だけでなく、家族にも。家事の手伝いひとつも当たり前と思わずお礼を言い合うのが、家族の約束です。

何でもない日にもらう花やプレゼントって、日常への感謝のように感じられてうれしいですね。

身近にある小さな〝ありがとう〟に気づけると、悪いことよりいいことに目が向くようになる。ネガティブ思考が、自然にポジティブ思考に変わります。

若い頃、私はこの言葉を言うのも言われるのも苦手でした。でもあるとき、仕事の先輩に、もっとちゃんと気持ちを言葉で伝えるよう指摘され、自分を変えようと決心。それから、日々、会う人に対して〝ありがとう〟を言う練習をしました。毎日〝ありがとう〟を口にしていると、意識しなくても言えるように。これからも、いつでも誰にでも自然に言える人でいたいです。

#046 会話より文字のほうが伝わることもある

子どもたちひとりひとりのアンケート&日記にお返事。写真と同じ、大切な宝物

吉川家の大切な絆ツール。夫とも手紙を通して気持ちを伝え合います。

子どもの本音を知るために、会話の他に、文字でのコミュニケーションを大事にしています。ひとつは、家族会議代わりのアンケートです。

吉川家はステップファミリー。4人の子どもひとりひとりと向き合う時間はなかなかとれないし、上の子は思春期にさしかかったばかり。困りごとや不満はないか、お互いをどう感じているか、個別に直球な質問をして答えてもらうんです。

自分のタイミングで書けるのがメリット。提出日まで子どもたちはじっくり時間をかけられます。せっかちな私が、彼らを目の前にして、答えを待ち切れずにイライラする（笑）なんてこともありません。

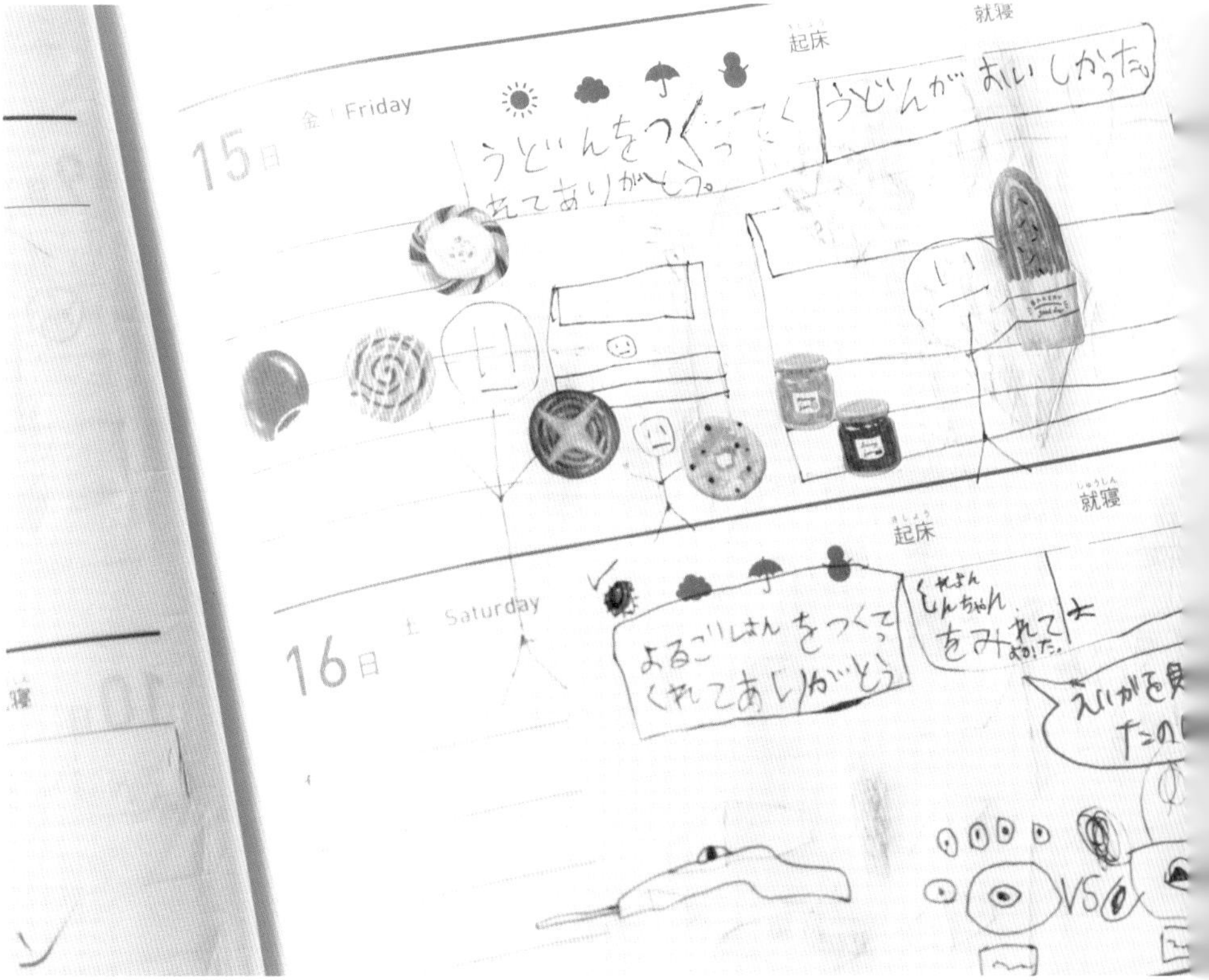

シールを貼ったり、ペンの色を替えたり。みんなそれぞれ楽しく書いてくれる。

どんな家族にも、けんかをしているわけじゃないのに、相手の心が見えづらいときってありますよね。試してみてください。

もうひとつ、文字でのコミュニケーション方法を挙げるなら、子どもたちの日記。

子どもたちがその日のできごとや感想を、文字や絵で自由に書き、書いたものを私が見て、コメントを添えて返します。

続けていると、書いた内容から、最近どんなことを考えているのかが見えてきます。〝よるごはんをつくってくれてありがとう〟。ひらがなでそんな言葉が書いてあると、うれしくて忙しい日もページを開くのが楽しみです。

047

マンツーマンの密な時間をつくる

大好きだよ、いつだってちゃんと見てるよ……。そんな母の思いを、子どもに伝えるスペシャルデー

今日は次男とふたりでお出かけ

誕生月の前から念入りに計画。朝から夜まで1日中ふたりきり。

子どもの誕生月に、4人それぞれとふたりでお出かけ。わが家の恒例イベントです。

夏休みや週末に家族そろって出かけることはあっても、母と息子、ふたりペアで行動する機会はなかなかないもの。だから、年に1回、その子のためだけに過ごす日をつくるんです。

気持ちも時間もひとりのために。そう決めたのは、自分が大切にされていることを実感してほしいから。ふたりだと、普段聞けない話を聞くことができま

ふたりになって、わが家に生まれてくれて"ありがとう"のメッセージを伝える。

す。行く場所も、することも、リクエストに答えて決定。希望をできる限り全部叶えます。

船に乗りたい！　と言われたらクルージングを予約して、その上でケーキ。かっこいい服が欲しい！　と言えば、スタイリストになって選んであげる……。

私が叶えられないリクエストのときは、夫と子どものペアで出かけることもあります。

子どもたちの最高の笑顔が見られて私たち夫婦も幸せ。距離もぐっと縮まるから、とてもおすすめです。

#048 わが家のルールを基本に暮らす

これされ身につければ、生きていける！
そう思えるシンプルルール。
家族の心の道しるべ

吉川家
7大ルール

平たい言葉で書かれた文章だから、子どもの心にも直接響く。

いつでも見られるように、大きな文字で打ち出し、リビングの棚の上に飾ってある。

家族みんなが仲よく、気持ちよく暮らせるように「吉川家の7大ルール」をつくりました。ステップファミリーになると決めたとき、夫とじっくり話し合って決めた7項目です。

内容は「挨拶をしっかりする」、「嘘をつかない」、などとてもシンプル。生きていく上で、これだけは身につけてほしいという暮らしの基本です。守れなければ吉川家の一員じゃない！　それくらい大切にしています。

内容は家庭ごとにアレンジしていいから、こんな共通ルールをもちませんか？　基準があれば、家庭で起きる問題が減ります。何かあったときに立ち返って、解決法を導くことも。

#049 家族の予定は見える形で共有

ブラックボードなら、いつでも更新可能。6人分の最新予定がひと目でわかります

家族が6人ともなると、それぞれの予定を個別に把握するのが大変。たとえば、お弁当は誰の分が必要か、それひとつだって、前もってわからなければおかずをどのくらい用意すればいいか見当がつかず、料理をするにも困ります。

そこで予定表作り。ブラックボードのカレンダーに書き入れるシステムにしました。月ごとに書き換えて、家族みんなで把握します。このブラックボード作戦、便利です。

いつもと違う時間に帰ってくる人は？　学校の提出物は？　といちいちプリントや手帳を見返す手間もなし。私の出張予定を書き込んでおくと、お土産リクエストがあることも(笑)。

予定表に毎月記入&チェック

見やすい高さにセット。日づけの数字はマグネットで張り替え式。

子どもたちがスマホを持つ年齢なら、Googleカレンダーや　タイムツリーなどのアプリを利用しても。

#050

「〜しなさい！」より「してくれるとうれしい」

やる気をうながす言葉で主体性を育てましょう

戯れながら「〇〇してくれるとうれしい」と言えば、子どもは母のために自分から動こうと思ってくれる。

食べなさい、寝なさい。1日に何度も「〜しなさい」を言うとぐったり。指示はもう嫌、という人は、子どもが自分から行動を起こせるようになる言葉の使い方をしてみてください。主体性が育ちます。

たとえば、今日は来客予定でテーブルをきれいにしておきたい。そんなときは前もって、ただ「片づけておいてくれると助かる！」と言う。同じような場面のたびにくり返すと、いつ何をすべきか自分で考えるクセがつきます。身についたらしめたもの。次は「〜しておいてね」さえ言わなくても、先を見越して行動できるように。

そうなるまでに時間はかかるけど、試す価値ありです。

#051

役割を与えて自信をもたせる

"人は支え合いながら生きている"
役割をもつことで、
子どもはそれを理解する

自分も家族の主要メンバー。子どもにその自覚をもってもらうのは大切なこと。ひとりで生きているわけじゃないという当たり前のことを理解してもらうために、大人と同じように、子どもにも役割を与えましょう。うちの子どもたちの役割は、お風呂やトイレなど、自分たちが使う場所の掃除。

役割をこなすと"ありがとう"と言ってもらえるから、役に立っている、必要とされていると実感できます。自分が支えられていることにも気づけますし、年齢差は関係なく、お互いを助け合う心が育ちます。

連絡なく帰宅時間が遅れて掃除当番をさぼったときなどは、叱りますよ。吉川家は働かざる者食うべからずだから(笑)。

任せると、しっかりと役割を果たしてくれる。この後"ありがとう"を言ってもらえるのがうれしそう。

#052 夫とふたりきりでデートする

パパ＆ママから恋人同士に。
非日常の時間があると
日常をもっとがんばれます

"パパ、ママ"と呼び合い、話すのは子どものことばかり？　それが不満なら、ふたりだけでデートを。短時間でも外に出ましょう。

時間をすり合わせるのは大変だけど、非日常がくれるリフレッシュ効果は大です。

恋人感覚を持つ努力は、夫婦円満の秘訣。きれいでいたいと自然に自分磨きをするようになるし、仲のよさが子どもに伝わるのもうれしい。

うちは月に1回ペース。手をつなぎ、誕生日には外泊したり、たまには昼からワインを飲むことも。ステップファミリーだからこそ、絆を強くと思うのかな。その間、子どもを預けられる実家があるのもありがたいことです。

#053 夫に話を聞いてもらうコツは「ちょっと、いい?」で始めないこと

「うん、うん……」と流されないように
話し方の工夫を。
聞いてもらった後は「ありがとう」も忘れずに

夫に家庭や仕事の相談ごとをきちんと聞いてもらえないという不満をよく聞きます。相手に話を聞いてもらいたいときは、〝タイミング〟と〝話の出だし〟を意識してみて。

まずタイミング。同じ場所で同じことをしているときを選びましょう。晩酌につき合う、一緒にお風呂に入るなど、同じ目線になることで、相手の向き合い方が変わります。

そして、話の出だしも重要。内容より先に目的を伝えましょう。助言がほしいのか、ただ聞いてほしいのかを最初に言うのです。ダメなのは「ねえ、ちょっといい?」という始め方。相手にポジティブでない内容が続くと連想させて、聞きたくない心が働きやすくなります。

子どもが出かけていたり、2階で寝た後は、1階のリビングで話す時間もつくる。

#054

家事の協力はお願いごと。「何でやってくれないの？」では伝わらない

期待するから
腹が立つ。
頼みごとと思えば
ミスにも腹が立たない。

高い収納棚のものの出し入れも、換気扇の掃除も、背の高い夫の担当。

食器は洗っても、シンクはびしょ濡れ。洗濯物をたたんでも中途半端！　夫の家事に募るイライラ、軽くしたいですよね。それには、まずあなたの視点をずらすこと。人は変えられないから、自分が変わるのです。

そもそも、手伝ってもらって当然だというのは思い込み。相手ができるだろうと期待しているのも自分だけ。普段家事をしない夫なら、新人だからミスはつきもの、と期待度をぐっと下げたほうがラクです。

頼む内容も、相手が気持ちよくできる得意なことを。うちの夫は、何でも協力してくれますが、私より背が高いから、特に高い場所の掃除や重いものの出し入れをお願いしています。

#055 夫の料理参加は褒めて任せてうながす

お願い上手は褒め上手。本気で褒めれば、夫は進んで料理をしたくなる

夫の料理は子どもたちにも大人気。いつもと違うプチイベント感覚で楽しみにしている。

夕食を作る余裕がないときは？

OK!
ああ、世界一おいしいパパの唐揚げが食べたーい！

NG
私だって忙しいんだから唐揚げくらい作ってよ

作ってもらったらおいしく食べて、"ありがとう"のひと言も忘れない。

料理はいちばん頻度の高い家事。365日×1日3回分をひとりで作るのはあまりに酷だから、たとえば日曜の昼はパパ！　というふうに、シェアの提案をしてみては？

得意な料理を褒めてその気にさせてもいい。私は夫が揚げ物を作るたびに絶賛して（本当においしい！）、今はすっかり揚げ物料理長。「私ばっかり作ってるから……」というマイナスなアプローチは禁物です。

料理の後に鍋が出しっぱなし、男の料理はお金かけ過ぎ。そんな声も聞くけれど、もし新人だとしたら、鍋洗いが料理のうちだと知らないのかも？　そんな風に大きく構えて、少しでもシェアをしたほうが特です。

PART 5

お金を整える

景気は不安定だし、自然災害やコロナウイルスのような思いがけないことも起きて、今の時代、お金の心配は尽きませんね。

でも、不安をそのままにしていては先に進めません。目をそむけずに〝今〟の家計の現実を知り、将来の家計像を見通しましょう。

ここからは、私が実践している家計の把握の方法と、やりくりルールをご紹介します。

ポイントはやっぱり〝見える化〟。ひと月にかかる支出と収入を数字で書き出したり、ひと月ごとの家計簿をゆるっとつけたり、使う予算を現金で袋分けしたり……。

そんな風にシンプルに見える形にすると、全体像がわかって、どこにムダがあるか、使いどころはどこかがわかる。自然に節約の意識が働くようになります。

もうひとつ、ぜひ提案したいのは、自分のために使えるお金の確保。自分が潤わなければ気持ちよく暮らせないから、我慢して削ったりしないで。金額は多くなくていいから、自分を大切に予算を組んでください。

「将来が心配」「このままで大丈夫？」

いつも漠然と不安を抱えている人へ

家計もやっぱり
“見える化”して整理。
今と未来の状況が数字でわかると
不安が消えて、がんばろうと思えます。

上は、吉川家の家計ボックス。
家計簿やレシート、予算組みした現金をまとめて管理。

056

レシートですべての支出を足し算

やりくりの基本は、1カ月の支出を把握することから

レシートは捨てちゃダメ。毎日足し算できなければ、2〜3日に1度でも。

自分が何に対していくら使っているかを知らなければ、家計のやりくりはできません。お金の管理は苦手？　それなら、まずレシートを利用して支出を把握しましょう。

ステップは3つ。①何か買ったらレシートを捨てずに保管。②項目別に仕分け。③電卓を使って項目ごとに足し算。これだけです。項目は食費・消耗品や日用品・外食費・子ども費など、必要に応じて分けます。

合計額が出て、もし食費の多さにびっくり！　となったら、減らせるものを思い浮かべてみて。お菓子？　お酒？　余計な出費の正体を見つけようと思えて、減らす意識が働きます。節約のはじめの一歩です。

#057 毎月の予算を組むためにわが家の収入を知る

ひと月に使える額がわかれば前もって赤字の予防ができる。家計の不安が減ります

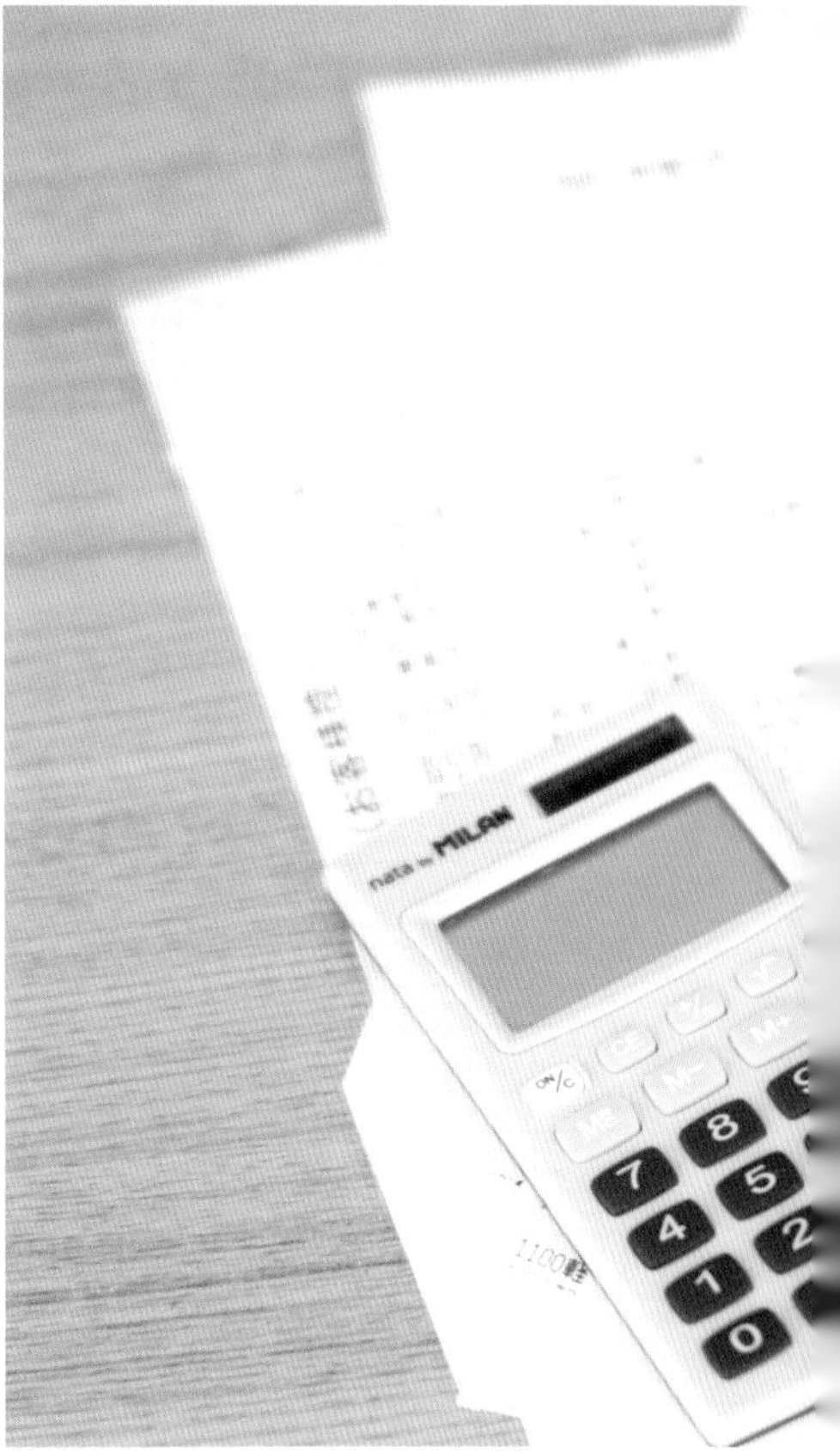

収入も、"なんとなく"把握していてはダメ。毎月の予算を組むには、安定して使える額を知ることが大切です。

まず年間収入から。明細書がある場合は手取り金額で。収入が変動するなら、昨年の額を参考に少なめに算出します。共働きなら夫婦合算、子ども手当や配当金も含めるのがベスト。ボーナスが見通せないなら、含めない方がベター。

年間の収入が把握できたら、次にひと月に使える額を。それを知るだけで節約意識が働きます。少なめに見積もっておけば赤字もなくなるし、貯蓄の目標額も立てられます。

収入の把握は、心の安心を得るために大切なことです。

#058 "ゆるっと"家計簿をつけてみる

お金の流れと使い方の傾向がわかります。どんぶり勘定な人にもできる！

個人費の欄には自分のために使ったお金を

仕事用の経費から、洋服やおやつまで。ムダな出費がないか確認。

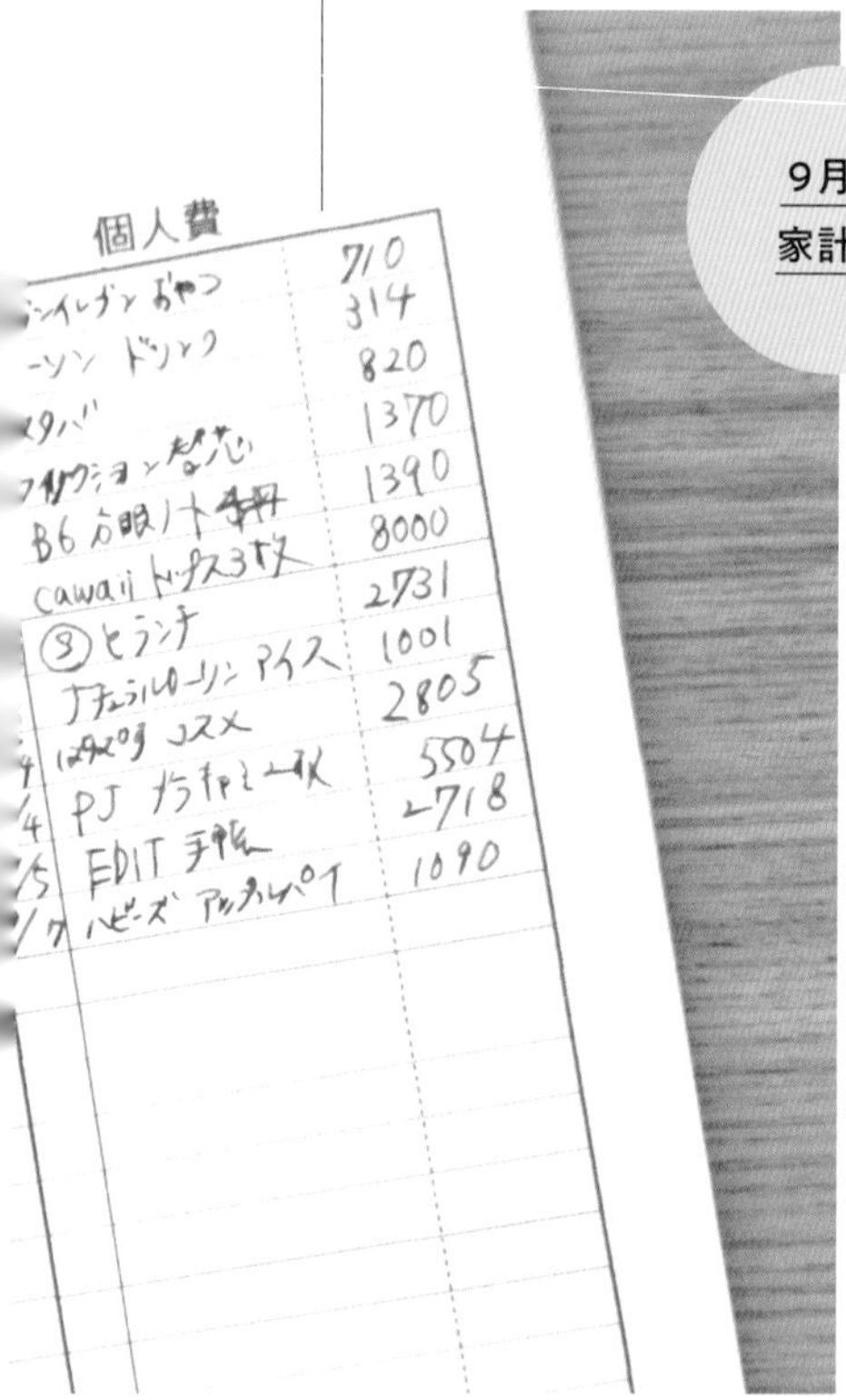

9月の家計簿

レシートを保管しておくと(P.102)書き込むときに役立つ。日づけや店名も書いておく。

市販の家計簿はわが家の費目に合わない。細か過ぎて、何度挑戦しても挫折してしまう……。そんな人には、写真のような"ゆるっと"家計簿がおすすめです。私も6人家族の家計を預かる身。試行錯誤しながらこの費目の少ない形にたどりつきました。

ゆるっと家計簿の目的は、家計全体の流れと、お金の使い方の傾向を知ること。そもそも家計簿をつけるのは、1円単位できっちり帳簿を合わせるためじゃないはず。100円合わない、どうしよう、なんて細かいことにつまづいてもしょうがないから、"ゆるっと"でOK。これを使えば、必要な出費と浪費の差が見えて節約の意識が生まれます。

食費欄には家の食事にかかる食材費を

食材ひとつずつの値段ではなく、合計金額を書くだけでOK。

買食・お酒・外食費の欄には節約チャンスあり

変動しがちな支出。節約できる支出のスキを見つけやすい。

日用品・被服・子ども用品欄も絶対必要

子どもの習い事の月謝や服代などをここに。消耗品も含まれる。

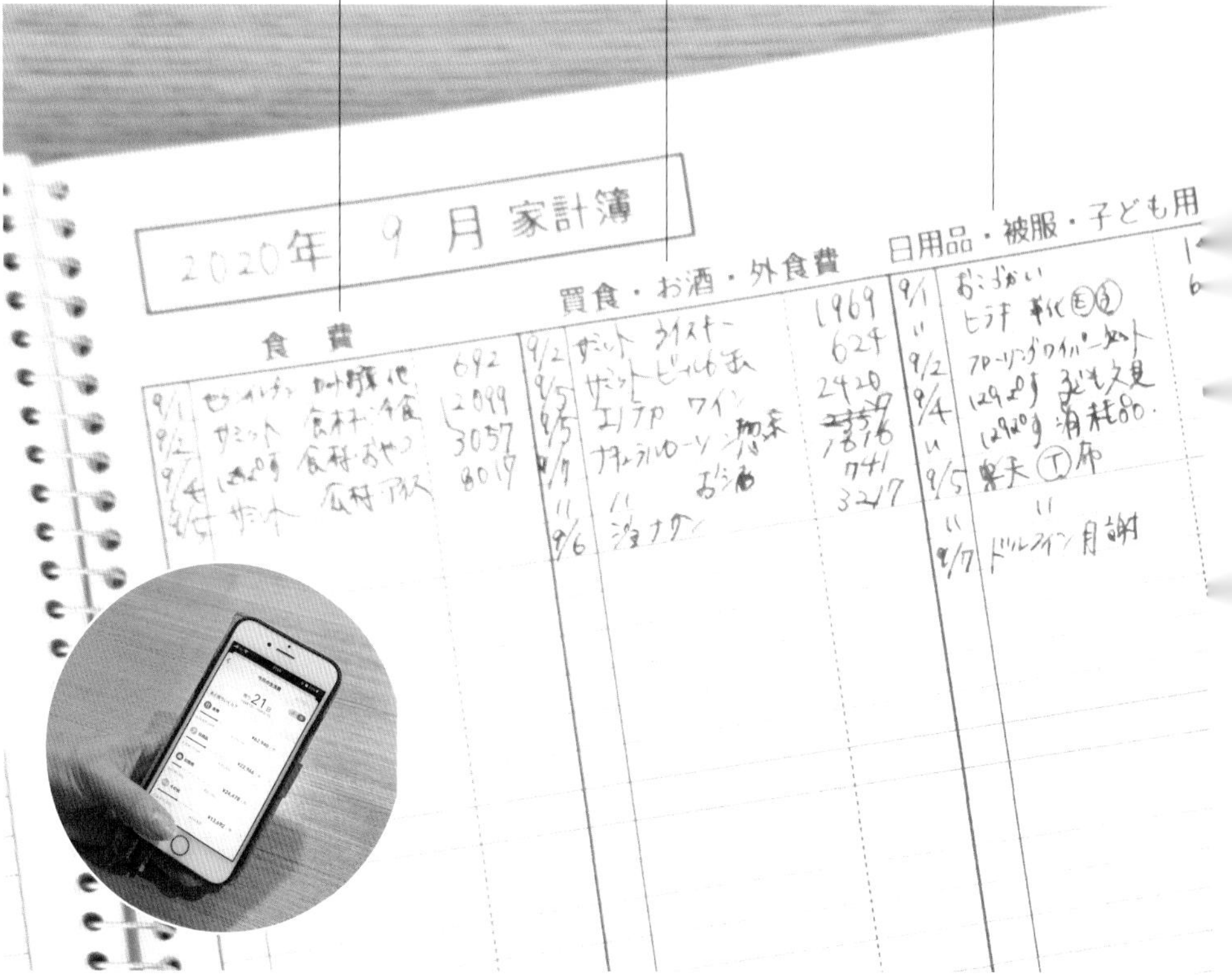

仕組みはシンプル。費目ごとに、支出額を書き込むだけ。

ポイントは2つ。ひとつは、食にかかる費用を、家食用の食材代と、外食やお酒などの嗜好品代に分けること。外食やお酒代はスキを見つける余地ありのお金。別に計算してあれば、増えたときに節約ポイントに気づけます。削れない固定費は金額を隅に書いておきましょう。

2つめは、レシートの合計額を一括記載すること。卵、にんじん……と品目を分けるのは手間がかかるけど、○○店で3000円と書くのは簡単です。

上の写真のような家計簿アプリを併用してもいいですね。費目ごとの合計額や残高をラクに計算できます。

#059

予算は費目ごとに袋分け

使っていいお金を
あらかじめ袋に入れれば、
焦らなくてすみます

透明袋を利用して、使えるお金も見える化。
わかりやすいことが安心につながる。

食費や日用品などの予算を決めたら（P.104）、月末に手元でやりくりする額を引き出し、袋分けをして、そのお金でひと月をやりくりします。

袋分けする費目は①ガソリン代を含む交通費、②日用品や服・子どもにかかる費用、③レジャー費、④特別費、⑤外食を含む食費です。

それぞれをジッパーつきの透明袋に入れるので、ひと目で減り具合がわかる。銀行に行かなくても、使うタイミングですぐに取り出せて便利ですよ。

思いがけなく予算オーバーしてしまうこともあるけど、気にしない！ そんなときは④の特別費で補填しちゃいます。対策は万全です。

#060

買い物はなるべく現金で

シンプルがいちばん。
〝使った感〟をちゃんと味わえば
ムダ使い防止になります

#061 クレカを使ったら、その額を今月分に

クレカで使ったお金を今月分から支出するシンプルシステム

クレカの引き落とし額をメモし、お金をクレカ用の袋に入れる。

私は現金でお金を使う主義です。最近、スマホを使った電子決済が普及していますが、あえて手を出しません。

理由は、いくら使ったかを、いつでも目に見えるようにしておきたいから。もし現金で買ったら、お財布からその場でなくなるはずのお金。それが残ったままでは、把握するのが複雑だし、〝使った感〟をしっかりと自覚できません。いくらでも使えると勘違いして気持ちが大きくなり、ムダ使いが増えてしまうのも避けたいと思うからです。

ネットショッピングはしますが、その場合も現金で買ったものと同じように考え、注文したときにすぐ、その金額を今月分の支出に換算。きちんとメモも残しておきます。

クレジットカードを使った買い物は便利。私も利用しますが、代金の引き落としが翌月以降なのが落とし穴。ちゃんと把握しておかないと予算が狂って、引き落とし額が大変な赤字になってしまうことも。

そこで考えたのが、クレジットカードで使った金額を今月分としてカウントすること。代金を、買い物をしたその日のうちに今月分の予算から抜き、「来月分のクレジット引き落とし袋」に移動します。

毎月の請求金額にビクビクしなくてすむし、口座の金額が足りないかも？　という心配もない。クレジットカードのポイントを貯めつつ、賢く買い物できますよ。

#062

自分のためのお金も ちゃんと予算組み

個人費は自分への投資。我慢ばかりしていると幸せはどんどん遠くなります

個人費で購入したマニキュア。並べているだけでほっこりうれしくなる。

自分のために使うお金を確保することは、とても大切です。支出を減らそうとするとき、いのいちばんにここから減らす人が多いけれど、自分を後回しにするのは大反対！　少なくても予算を組みましょう。私は「個人費」の項目で、おこづかい3万円、仕事の経費3万円の予算をとっています（P．104）。

計上するのは、コンビニで買うアイスクリームなどのひとりおやつ代や美容院代、仕事用の文具代……。ネイル費も心を満たすために必要だから譲りません。欲しいものを我慢して暗い顔をしているより、正当な予算を有意義に使って笑顔でいるほうがずっといい。自分の幸せが家族の幸せにつながります。

#063 まずは楽しめる節約を試してみる

支出のスキは
どこかに隠れているもの。
見つかれば、金額以上に得した気分

スープジャーを
使って、
ランチ代をカット

夫のお昼にスープジャー作戦をすることも。
私の分と合わせて2人分節約できる。

住居費や子どもの学費は固定費。どうしたって減らせませんよね。では、どこで節約するか……。

私はランチ代に注目しました。平日のお昼は仕事の合間にさっとひとりですませることが多いから、外食する意味はない。ひと月に20回分として、千円のランチなら2万円にもなる。あ、ここに節約のチャンスあり！　と気づいたんです。

そこで活躍するのがスープジャー。これに熱々のスープを入れて出かけます。体もほかほか温まって満足度も高いんです。

他の節約ポイントを挙げるなら、子どものヘアカット代。今は4人分を私が切って、美容院代を大幅カットしています。

#064

1万円の特別費で急な出費に備える

予測不能な出費と予算が不足したときの家計のお守り

頼りになる吉川家の特別費。残ったら翌月にくり越す。

特別費は、心のゆとり費。冠婚葬祭や出産祝い、子どもの習い事の道具、医療費など、急な出費に当てるお金です。

わが家では、月1万円を確保。交通費や食費などと同じように（P．106）、前もって現金で袋に入れておきます。

これがある！　とわかっているからあわてなくてすみ、お金を捻出するために他の予算を削らなくていいから予算も狂いません。おまけの費目ではなく、お守り代わりの必要経費です。

使い道は他にもあって、家族の誕生日や母の日、クリスマスなどのプレゼント代をここから出してもＯＫ。大切な記念日を楽しむために、家族みんなで有意義に使っています。

#065

将来の貯蓄を見える化する

貯蓄リストは未来予想図。家族の幸せが見えるから、もっと貯めたくなります

貯まっていく金額を人別に足し算

お金が必要なタイミングや額は兄弟それぞれ。人別に欄を分けている。

子どもたちの未来のためにコツコツがんばる！

縦軸は時系列。増えていく過程がわかる

貯蓄額は入金する月ごとに明記。貯まった金額も一目瞭然。

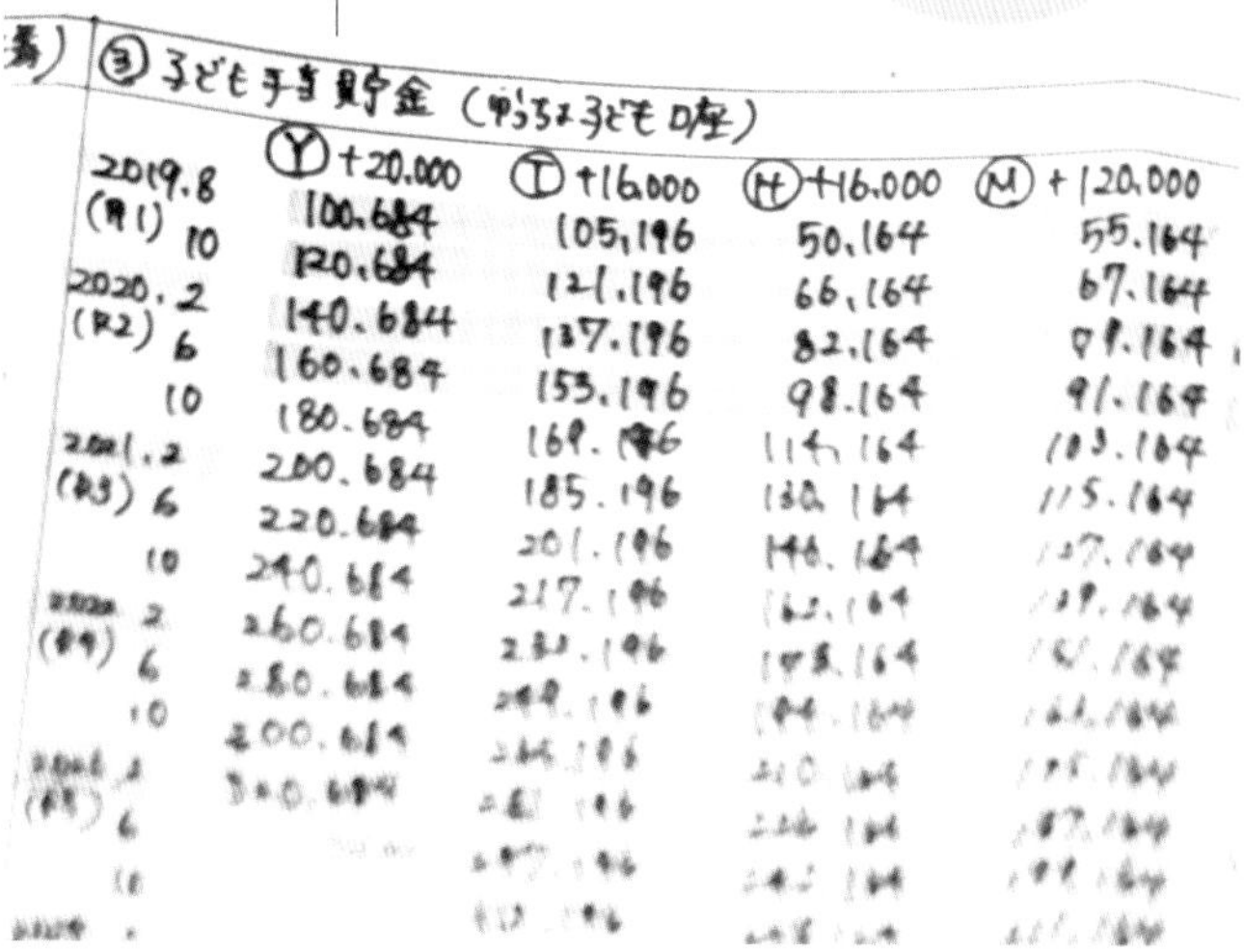

子どもたちの成長を思いながら手書きする。書く時間そのものが親としての喜び。

わが家は銀行口座を複数作っています。生活費を出し入れする口座の他に、子どもの学費のための積み立てやNISAなどの投資用の専用口座も。

目的ごとに分けているのは、増えていく過程を把握するため。ただ「将来のための貯金」といったざっくりとした貯金ではなく、何のための貯金なのか、目的をもった方が、やる気も出ます。

口座を分けるだけでなく、〝貯蓄リスト〟も作成。上は、支給される子ども手当を、将来の金額を見越して人別にまとめたものです。高校入学までにいくら貯めればいいかを書き、3年後は〇円、5年後は……と可視化。入金時にラインマーカーで線を引くと、貯まっている安心感も。

#066 子どもに金銭感覚を身につけさせる

幼いうちに
お金とものの大切さを知れば、
大人になっても生きやすい

おこづかい帳は4人兄弟が１冊ずつ持っている。

子どものおこづかい帳

まだ幼い子どもには、足し算・引き算の練習にもなって一石二鳥。今月の収支はどうかな？

収納スペースと同じように、家計にも限りがあります。子どもたちにも、使える範囲でやりくりをして、有意義に楽しくお金を使うことを覚えてほしい。そんな思いから、わが家ではおこづかい帳をつけさせています。

毎月あげるおこづかいの金額は年齢×50円。10歳なら500円。使った日づけと内容、出ていった金額を全体から引いた残金まで書く仕組みです。

そして、私がチェックして、収支が合わなければ50円のペナルティ（笑）。痛い思いを味わって、使えるお金が無制限ではないことを体感しているのがわかります。大人になっても、この経験が役立つはず。

#067 お財布がスリムな方がお金は貯まる

お金の家・お財布をもっと大事に。いらないものを外に出すだけで、ムダ使いしなくなります

お財布の中がごちゃついている人は、部屋にものがあふれている。収納スタイリストとして多くのお客様の家を訪ねる私の実感です。お財布は〝お金の家〟、そう捉えて整理しましょう。使うときに気持ちがいいし、出し入れする金額が見えて、ムダ使いが減ります。

レシートは基本もらったその日に外に出す。クレカは頻ぱんに使う1枚以外、別に保管。店のポイントカードは持ち歩かない。この3つから始めてみて。

私は最近、お財布自体をスリムなものにチェンジしました。カードや小銭が少ししか入らないから、ラクにスッキリをキープできます。お財布の形選びもスリム化の助けになりますよ。

買い替えたばかりのお財布。レシートは1枚もなし。カードも最小限にとどめて入れている。

PART 6 食を整える

「食」は一生続く暮らしの根幹だけど、1日3食、毎日家で食事を作るとなったら、その時間と手間は膨大。途方にくれてしまいますよね。子どもがいれば、お弁当作りも大仕事。でも、家族の健康は守りたいし、さぼって外食が続けば、お金がかかる……。

のしかかるそんな食生活の重圧を軽くするコツは、献立の組み立てや買い出しリストを「考える時間」と、実際の食事を「作る時間」を分けること。同時にやろうとするから、つらくなる。事前に考えておけば、手間も作る時間も省けて〝効率〟がぐんとよくなります。

たとえば、仕事から帰って、疲れた頭と体で「今日の夕飯、どうしよう？」と献立を考えるところから始めるのは大変。あらかじめ、1週間分のメニューをざっくりとでも決めておけば、迷うことなく、作ることだけに集中できます。

お弁当の献立も手抜きメニューも、掃除のしかたも然り。この章では、毎日の食生活をラクにするための〝前もって決めておく〟アイデアをご紹介します。

「毎日献立を考えるのがつらい……」

“～すべき”にとらわれている人へ

献立を考えながら、

料理をするのは非効率。

時間と手間を省くコツは、

メニューや定番食材を前もって決めること。

キッチンにはものを出しっぱなしにしない。これも食事作りの効率を上げるコツです。

068

わが家の定番食材をもつ

これさえあれば、
夕飯がなんとかいける！
そんな助っ人食材で
健康と安心を担保

スーパーに買い出しに行く時間がない。冷蔵庫の食材だけじゃメニューが思いつかない。夕飯どうしよう！　と焦ることとありますよね。それ、定番食材を決めておくと解決できますよ。

吉川家の定番は下の7つ。たとえば、炒め物にしても、どれを組み合わせてもムリがありません。また、一定の食材を定番化しておけば、いつも買っているから価格の変動や店による品質の違いを把握できるし、使い慣れているので、レシピのバリエーションも自然と増える。一石二鳥です。

効率化を図りたい家庭での食生活。時間と手間を減らせるうえ、心も軽くなります。

選ぶ基準はタンパク質やビタミンの栄養バランス、色どり、和洋中どんな料理にも合う応用範囲の広さ。

#069 定食でおいしさをルーティン化

タンパク質メインのおかずと野菜の副菜と汁物。昔ながらのスタイルが継続の秘訣

朝食や夕食の定型献立を決めておくことも、食生活の効率化への早道です。

わが家の定型は、①肉類か魚類を使ったタンパク質メインのおかず、②野菜を使った副菜、③具材を2種類以上入れた汁物、そして主食のご飯という定食スタイルです。

6人家族だから、おかずも汁物も6人分必要。定型を決めておくとどれくらいの量を作ればいいかが体感できるのもいいところです。主菜はシンプルに焼くか炒めるか、煮るかなので、何かと組み合わせなくちゃと複雑に考える必要もなし。

手間と時間だけでなく、頭の使い方もスムーズにルーティン化しておきましょう。

吉川家は定食スタイル

【主菜】
鶏もも肉のうま塩焼き
【副菜1】
キャベツと人参のおひたし
【副菜2】
キムチのせ冷ややっこ
【主食】
白いご飯
【汁物】
小松菜としめじの味噌汁

野菜のすべてと鶏もも肉は、右ページで紹介した定番食材から活用。

#070 献立は1週間分をざっくり決めておく

献立を考える時間と作る時間を分ける。そうすれば、「考えるのが面倒くさい！」とイライラしません

献立を立てる時間を変えませんか？　夕方になってから夕食のメニューを考える人が多いけれど、実はそれ、とても非効率。思考力や体力が落ちる時間だから、焦ったり迷ったりしてしまうのは当然なんです。

そこでおすすめするのが、1週間分の献立を前もって組み立てること。むずかしければ、おかずに使う食材だけリストアップするだけでもかまいません。決まっていれば、夕方は頭を使わず手を動かすことに集中すればいいだけ。だから、調理もはかどり、気持ちもラクです。

私が献立を立てるのは食材をまとめ買いする日。週末はイレギュラーな行動をすることもあるから、平日5日分をゆるっと決めるようにしています。

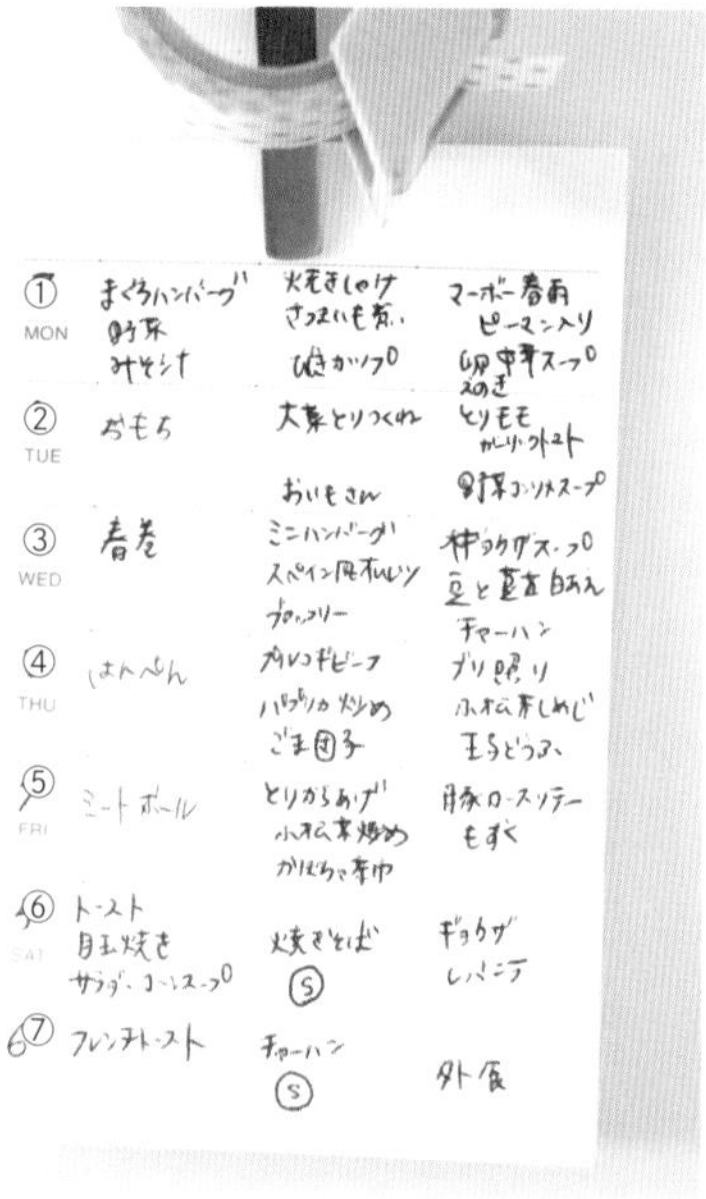

1週間分の献立は冷蔵庫に貼っておきます

メニューの順番は左から朝、昼、晩。その日の予定が変わっても変更できるように、ざっくりした決め方にしておく。

ある1週間の平日の夕食を紹介します

monday
（月曜日）

ぶりの照り焼き／小松菜とひじきの和え物／たまご豆腐／ご飯／きのことワカメの味噌汁

tuesday
（火曜日）

豚ロースのグリル／キャベツのサラダ／もずく酢／ご飯／豆腐とワカメの味噌汁

wednesday
（水曜日）

thursday
（木曜日）

もやしの肉巻き・豆苗添え／厚揚げ焼き／ご飯／根菜の味噌汁

friday
（金曜日）

具だくさんハヤシライス（ご飯）／ロメインレタスとトルティーヤチップスのサラダ

saturday
（土曜日）

sunday
（日曜日）

P.119で紹介した定食スタイルが基本。あらかじめ決めてあったメニューなので、作るときは頭を使わずに調理だけに集中でき、手際もアップする。

#071 買い物に行くときは必ずリストを作る

リスト片手に
スーパーを歩いて、
時間と食費を節約。
特売品にも過剰反応しない

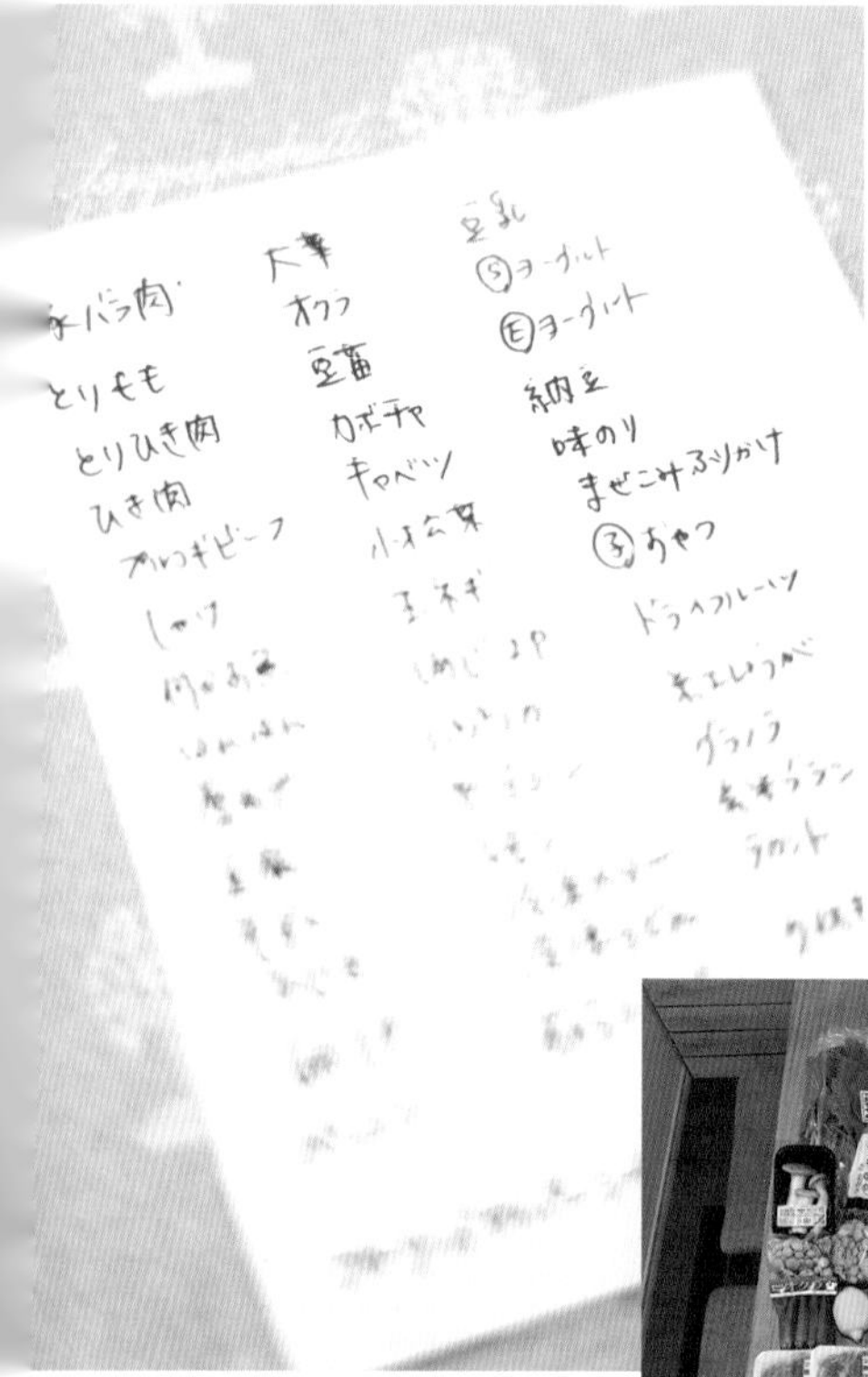

買い物リスト（上）と買い出した食材（右）。6人家族の1週間分の食材量はかなりのもの。ロスやムダ買いを避けるために計画的に行動している。

買い出しに出かける前に私がすることは、冷蔵庫やパントリーのチェック。吉川家の定番食材（P.118）をはじめ、どの食材がどれくらい残っているかを確認してから、それを使い切るメニューもつらつらと考えつつ、リストを作るのが習慣です。

リストを持っていくのは、何をかごに入れようかと迷う時間を減らすため。本当に必要じゃないお菓子に目移りしたり、使う当てのない特売品に手を出して、賞味期限が切れちゃった！なんて失敗も防げます。

買い出しは基本週に1度。適量をタイミングよくゲットするために、補助的な買い物も週に1～2回程度に抑えています。

＃072 平日の主食は"お米"に絞る

おかずの選択肢を広げないためのアイデア。お米だけ炊いておけば、なんとかなる！

平日の主食は白いご飯と決めています。小学生の子どもたちは学校の給食でパンや麺をとることができるからです。主食をパンや麺にすればおかずもそれに合わせたくなるけれど、ご飯なら手持ちのメニューで回せてラクちん。どうしても作れない日も、ご飯さえあれば、卵料理とお味噌汁を出しておけば乗り切れます。

お茶碗によそった量で食べた量を把握できるのもうれしい。食欲のありなしもわかるし、食べるスピードが遅ければ風邪を引いたかな？　と気づけます。健康のバロメーターなのです。

その代わり、週末はパンも麺もテーブルに。平日とは違うスタイルに特別感はぐんとアップ。

P.119で紹介した定食スタイルには白いご飯がなくちゃ

毎日おいしく食べられる白いご飯は頼りになる。

#073 お弁当作りこそルールが必要

傷まないこと、おかずの数、そして彩り。3つを守ることが私のお弁当大作戦

以前はお弁当作りが大の苦手でした。でも、子どもの学童通いが始まってから嫌だと言っていられなくなって。自分なりにラクにおいしく作る方法を考えるようになったんです。子どもが4人に増えた今は、試行錯誤の末にできた左ページの大作戦で乗り切っています。ハードルを高くし過ぎてしまうとしんどいので、クリア項目は〝傷まない〟〝おかずはできれば3品〟〝彩りよく〟の3つに厳選。短時間で作れるおかずのレパートリーも考えておきます。といっても卵焼きなら、今日はチーズ入り、明日は紅しょうが入り……と具材違いで8パターン！　ローテーションすれば週内でぶつからないから、毎日違うおかずが入っているように見えるでしょ？

メインはハンバーグ。
枝豆は楊枝に刺して。

メインは鶏もも肉のソテー。
トマトは安定の彩り野菜。

卵焼きは具だくさんに。
デザートはスイートポテト。

お弁当大作戦3か条!

傷まないようにする!(特に夏場)

- ご飯は、大さじ1の酢を入れて炊く
- おにぎりは手でにぎらず、ラップに包んでにぎる
- おかずは水気をよく切って、かつおぶしやおからパウダー、すりごまなどをまぶす
- 自然解凍の冷凍食品を使う(冷凍食品に保存剤の代わりをしてもらう)
- 生野菜、非加熱ものは入れない

3品以上おかずを入れるために…

- 肉か魚のタンパク質のおかずをメインに
- 卵のおかずを入れる
- 水気を切った野菜のおかずも用意
- 自然解凍の冷凍食品も1つ入れてOK
- デザートもできれば入れる

彩りを大切にする

- 緑、黄、赤を意識する
- 大きくて形の目立つ野菜で見栄えよく
- 茶色ばっかりにならないよう注意
- 白や黒も意識する

すぐ作れるおかずのレパートリー

メインのおかず

<豚や鶏のひき肉>
ハンバーグ、大葉巻き

<豚バラ肉>
おくらの肉巻き、しょうが焼き、厚切りソテー

<鶏もも肉>
ケチャップソテー、唐揚げ

<牛肉の薄切り>
プルコギビーフ、牛丼風煮込み

<その他>
きのこのベーコン巻き、焼き鮭

野菜のおかず

<緑>
ほうれん草とコーンのソテー、アスパラごまマヨ、ブロッコリーおかか、おくらの1本焼き、小松菜ときのこのソテー、小松菜のごまあん、豆苗ナムル

<赤>
にんじんのきんぴら、赤ピーマンのソテー、ミニトマト(切らない)、にんじんしりしり

<その他>
ヤングコーン焼き、しめじ&エリンギソテー

卵のおかず

<卵焼き>
プレーン、チーズ、紅しょうが、ツナ、ほうれん草、大葉、のり、ハム

<その他>
スペイン風オムレツ、ゴーヤと炒り卵、カニカマの卵巻き、小さいオムレツ、かたゆで卵、目玉焼き

冷凍食品

<メインの肉&魚>
鶏つくね串、ひとくちカツ、牛肉コロッケ、唐揚げ、白身魚のフライ、春巻き

<副菜>
和惣菜カップ、ちくわの磯部揚げ

<すき間を埋めるスイーツ>
スイートポテト、ごま団子、大学いも、かぼちゃ茶巾、チーズケーキ

#074 手抜きメニューの材料を常備

いざというときのために、カップスープやラーメンなどを数種類用意してある。

365日、3食全部は作れない！手抜き宣言する日があっていいのです

母だって、体調のよくない日や忙しい日があって当たり前です。365日休みなく家族のご飯を作り続けるなんてムリ！ 不満を飲み込んでムリを続ければ、いつか爆発してしまいます。

私は堂々と〝手抜き〟をします。「明日の朝はお仕事があってご飯を作れないから、シリアルを自分でボウルによそって、牛乳をかけて食べてね」と、子どもたちに前もって宣言しちゃうのです。

たまのことだから、子どもたちにとっては特別メニュー。楽しんで作って完食してくれます。子どもたちがインスタントものを喜ぶのは、普段、お母さんががんばっている証拠です。

#075 ホットプレートをフル活用

手間いらずで、時短できる頼もしい調理器具。もっと活躍させて

ホットプレートはとても働き者です。なんといってもうれしいのは、6人分を一度に調理できること。具材の用意だけすればいい鍋物や焼き肉は、調理時間と片づけの手間の節約にもなる！ 大いに助けられています。

メニューもたくさん。鉄板を入れ替えれば焼く・煮る・蒸すと3通りの方法で調理できる万能調理器具。フライパンにのせ切れない大きい肉を6枚いっぺんに焼きたいときなどは、キッチンの調理台の上でスイッチを入れちゃうことも。

ホットケーキなどのおやつを作る日は、子どもたちも大喜び。できるまでのライブ感を楽しんでくれます。

人気メニューは他にも!
- おでん
- 天ぷら
- 串揚げ
- お好み焼き
- たこ焼き
- 焼きそば
- 餃子
- 蒸しパン

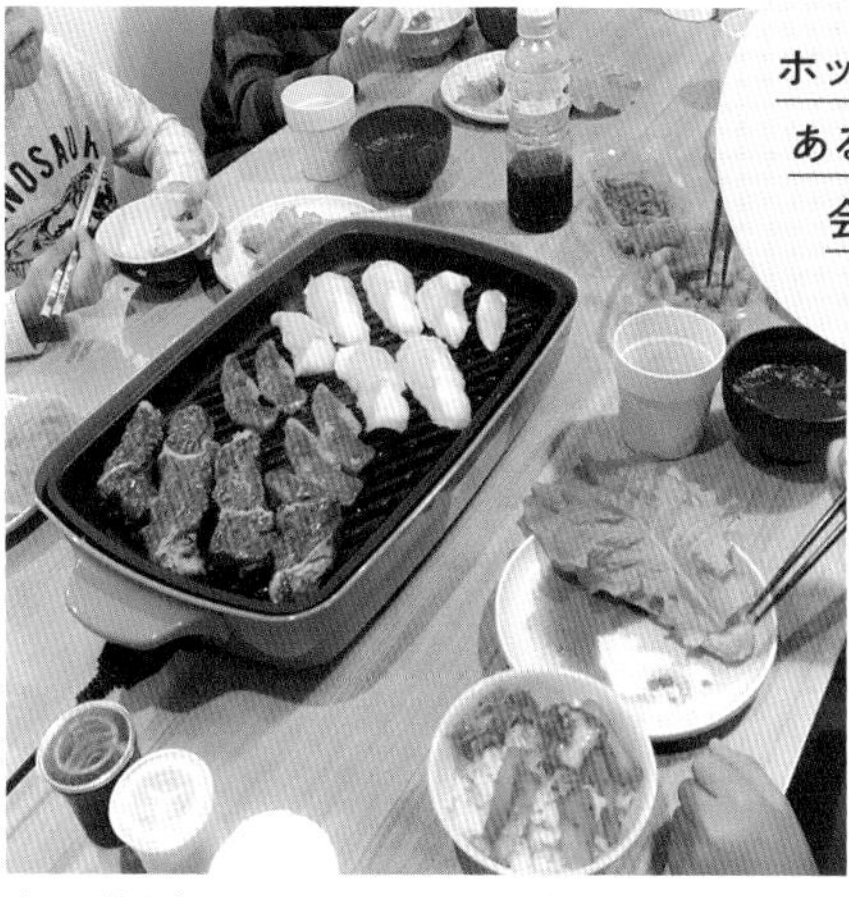

ホットプレートのあるテーブルは会話が弾む

今日は焼き肉。子どもたちも調理に参加しつつ、焼けた肉をサンチュに巻いてパクリ！

焼き鳥は豪快に串のまま鉄板に（右）。容量たっぷりなので冬は鍋物もここで（下）。

#076

エンタメ要素で楽しく乗り切る

夏はわが家で流しそうめん。手抜き対策はアイデア勝負！

子どもたちは競うように箸を動かし、テーブ 笑顔があふれる。

たとえば、子どもたちの夏休み。遠くに出かける予定がない日も大いに盛り上がる、小さなイベントを企画するのが好きです。

大好評なのは、写真の器具を使った流しそうめん。水が回る仕掛けになっていて、そうめんを投入すると一緒にくるくる。豪華なおかずがなくても、子どもたちは大はしゃぎで食べてくれます。私はそうめんをゆでるだけ。でも、手を抜いているなんて誰も気づきません(笑)。

同じ器具を使ったフルーツポンチも人気。透明な炭酸飲料を入れて、色とりどりのフルーツを散らせばできあがり。何気ない日常がエンタメシーンに替われば、ラクしつつ大人も楽しめます。

#077

何のための外食か？目的をもつ

ムダにお金を使わないためにも満足度のない外食はしたくない

親しい友だちと記念日に外食。心の栄養になるから、この出費はOK。

外食にはお金がかかります。家族6人でレストランに行って夕食を食べたら、1万円近くに。でも、毎回満足するかといえばそうでもない。あれ、私は何にお金を払ってるの？　そんな疑問から、外食の目的を考えるようになりました。

行きついたのは「コミュニケーション」と「癒し」。私がお金を払いたいと思うのは、料理ではなく、大切な人と過ごす時間や精神的な満足度です。それに気づいてからは、ただ料理をしたくないという理由で外食するのを止めました。だって、費用対効果が低いから。作りたくない日は総菜を買ってすませ、外食は「コミュニケーション」と「癒し」が得られるときだけに。

#078 忙しい日はお惣菜に遠慮なく頼る

疲れた日はお惣菜。時間と労力を賢く買って自分を許す日をつくりましょう

家事で一番大変なこと、それは料理！　忙しくて時間がない日や、体力・気力がない日も当然あります。そんな日はお惣菜を買っちゃいましょう。罪悪感をもつ必要なんてありません。充実しているスーパーのお惣菜を利用するのは暮らしの智恵です。私は「今日は作れないからお惣菜ね」と家族にはっきり宣言します。そして、お皿に盛りつけて、白いご飯やお味噌汁と一緒に堂々とテーブルに並べます。

自分を許すハードルを低くしておくと、ストレスもたまりません。子どもにとって大事なのは、手作りのご飯よりお母さんの笑顔。お惣菜でもみんなでワイワイ食べれば幸せな時間になるとしみじみ思います。

よく利用するのは家で作るのが大変な揚げ物や、品数がたくさん入った総菜パック。

#079 ワークトップにものを置かない

**調理スペースは
いつも広々キープ。
それだけで調理の効率が
グンと上がります**

ワークトップは生活感が出やすい場所。ものを置かない状態をキープしましょう。見た目も気持ちいいし、掃除がしやすく衛生的です。

それに、さあ料理！ というときにワークトップにものがなければ、すぐに作業に取り掛かれます。もし鍋を置く場所をあけるために別のものを片づける必要があったら、その間に料理の手もやる気も止まって、時間がもったいないでしょう？

配膳スペースもそう。家族の人数分のお皿とまな板が置ける広さを確保できたらベストです。うちは6人家族だから、お皿6枚分が置けないと非効率。おかずを作りたての状態で分けられるように保っています。

食器も調味料も調理道具も、使ったら元に戻す。収納の基本を守ってこの状態を保つ。

#080

シンク下は縦に仕切る

書類ケースの仕切りが便利。大きなフライパンもすっぽり

キッチン下の引き出しは容量たっぷりの貴重な収納場所。空間を余さず使いましょう。

おすすめはプラスチックの書類ケースを使うこと。深さのある引き出しの中も、縦に大きく仕切れてムダがありません。右下の写真（コンロ下）のように、重たくて大きな鍋やフライパンもすっぽりです。

よくないのはフライパンや鍋を重ねてしまうこと。さっと取り出せなくなるうえ、下のものが一望できなくなり不便です。

キッチン小物の収納にも仕切りを。左の写真（シンク下）は、洗剤やビニール袋用の引き出し。私はふたつきの箱やプラかごを使って仕切っています。

洗剤やスポンジは…

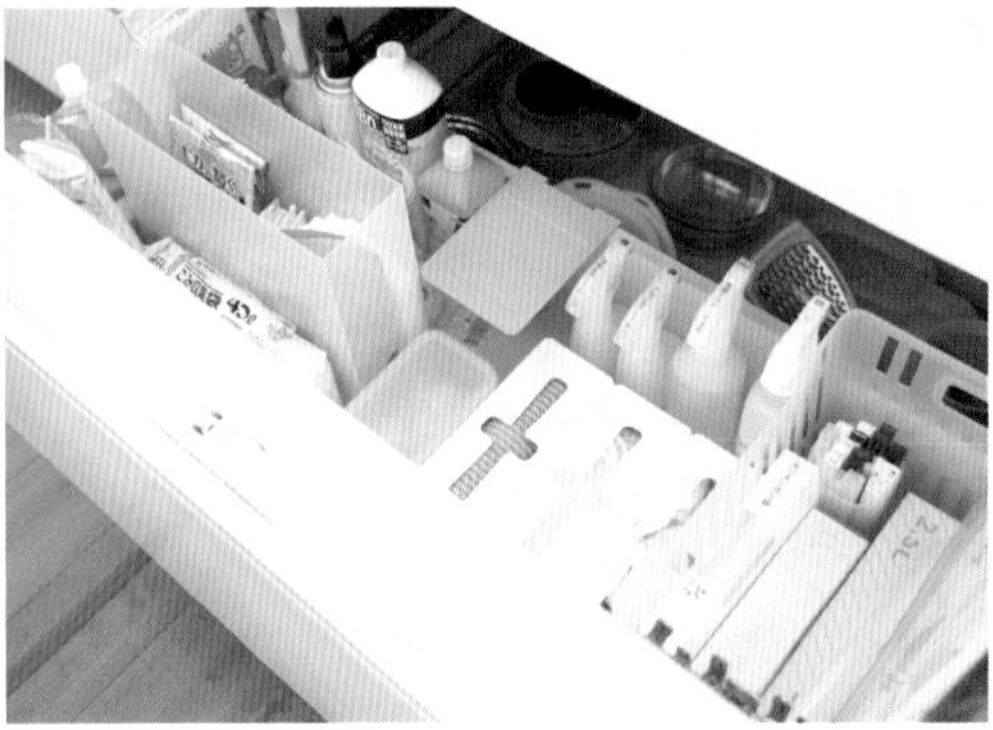

スプレーのノズルには名前を。小物はとにかく仕切る。

鍋やフライパンは…

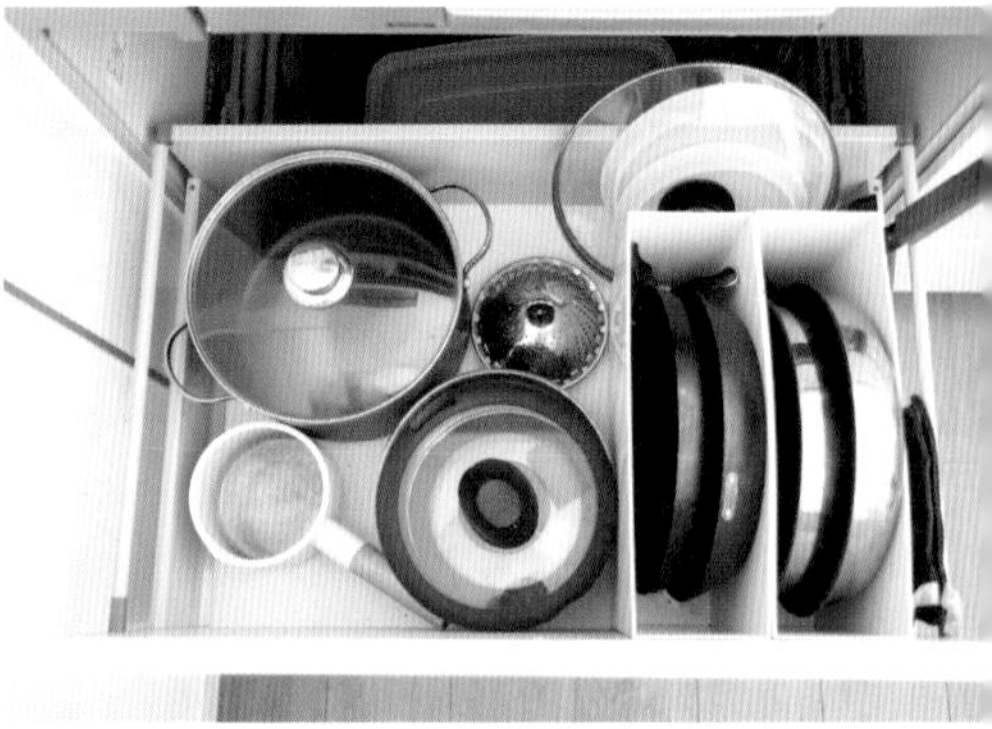

深さのある鍋はそのまま、フライパンは立てる。

#081 食器の数は必要最小限に

食器は飾り物じゃなくて使うもの。棚の肥やしはもういりません！

大小の丸皿、深さのある大小の小鉢、角皿、取り皿……。どれも家族の人数分だけ。

食器棚にしまってある食器をすべて効率よく使っていますか？ たくさん持っていても、結局ヘビーユースする食器が同じなら、奥にあるものはスペースをムダに占領しているだけですよね。

そうならないよう、私は、あまりデコラティブではない和洋どちらにも使えるシンプルな食器だけに絞っています。上の写真はわが家の食器棚です。

選ぶポイントは2つ。子どもたちも使う日用品だから、割れたときに気軽に買い足せること。そして、スマートに収まるよう、スタッキングできること。それらをクリアしたものが、目的と形、サイズ別に家族の人数分ずつあれば十分です。

#082

来客用の食器は使い捨てのものでいい

気の利いたおもてなしを
リーズナブルに実現。
かわいい紙や
プラ食器に注目！

今用意してあるのはパステルカラーの紙皿（上）とプラカトラリー（中）、星柄カバーの割り箸(右)。

**使い捨てだから、
シーズンごとに
違う食器を楽しめる**

めったに出番のない来客用の食器に、貴重な収納スペースをあけ渡すのはナンセンス。仕事上、上司や取引先の方が頻ぱんに訪れるというような事情があれば別ですが、私は場所をとる専用のカップ&ソーサーなどは持たない派です。

その代わり、気の置けない友だちや親類が来たときは、使い捨てグッズを組み合わせ、心を込めておもてなし。100円ショップにもかわいいものがたくさんそろっているから、使い終わったら、次のお気に入りを探しに行くのも楽しみのうちです。

陶器や磁器のように収納場所がいらず、片づけも不要。しかもリーズナブル。空間と時間とお金をいっぺんに節約できます。

#083 冷蔵庫の中も見える化

詰め込み過ぎずに空間にゆとりを。探す時間や掃除の手間、食費の節約にもなります

「ヨーグルト、どこいった?」、そんな風に、冷蔵庫の扉を開けてから必要なものを探すのは、手間と時間の浪費。開けっぱなしの時間が長ければ電気代もかかります。食材の定位置を決めて庫内も整理しましょう。

　わが家の冷蔵庫は写真のような4段タイプ。しまい方のポイントは、まず奥まで詰め込まないこと。手の届かない場所に賞味期限が切れた調味料を発見、そんな失敗がありません。しまう位置も決めています。常備したい納豆や卵の残りの量も一目瞭然だから、ムダ買いも減り、食費の節約にも。

　人別のスペースを決めて、大事なおやつなどをキープするのもいいですね。

上段
使用頻度の比較的少ない粉類は上に。子どもが届かなくても大丈夫なものを。

2段目
比較的高い2段目には、主に大人が出し入れする炭酸用ボトルと食材パックを。

3段目
子どもも見やすい3段目。常備食材と片手鍋が入る空間を確保。

下段
重たい米や味噌は下段に。容器にラベリングをしてわかりやすく。

#084

大掃除より こまめな小掃除

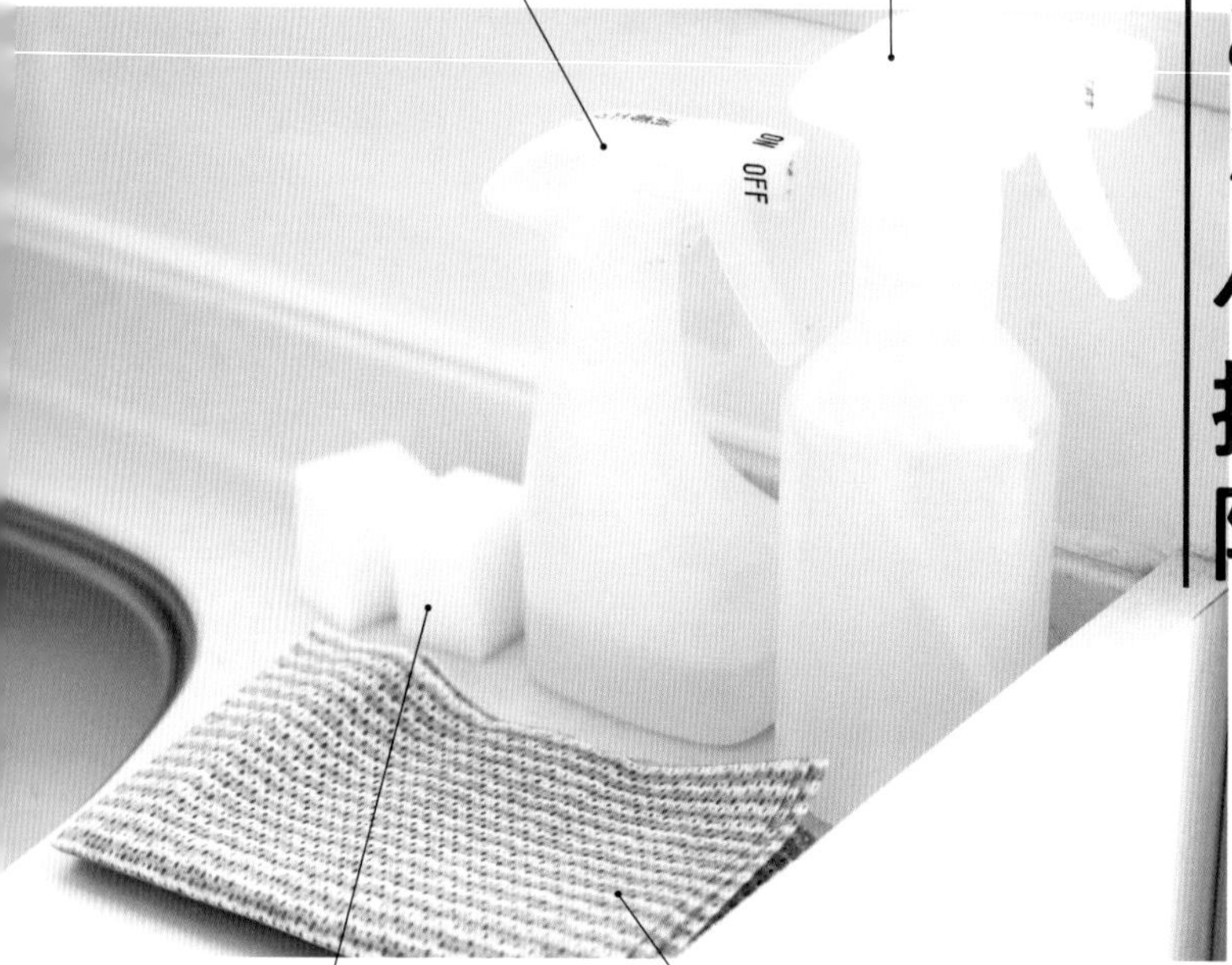

アルコール
日常のワークトップやホットプレートの拭き掃除に。ゴミ箱の掃除にも。

アルカリ電解水
口に入っても安全。油や食べこぼしの他、レンジや炊飯器の内ぶた、蛇口も。

メラミンスポンジ
水で濡らしてこするだけ。洗剤なしで油や茶しぶ、黄ばみを落とせる。

カウンタークロス
レーヨン素材の不織布のふきん。食器やワークトップ、テーブルの拭き掃除に大活躍。

小掃除タイムは夕食を片づけた後。
洗剤と掃除道具はあれこれいらない

夕飯の後に小掃除をするのは、大掃除をしたくないから。調理台やシンクにこびりついた油分や肉や魚から出た酸性の汚れは落とすのに時間と手間がかかるけど、その日のうちの汚れなら、数十秒でさっと退治完了。長い目でみればこの方が効率がいいのです。

洗剤と道具はいつも同じもの。使っているのはアルカリ電解水、アルコール、メラミンスポンジ、カウンタークロスの4つだけです。

店頭にはコンロ用やシンク用など場所と用途別にたくさんの洗剤がありますが、いちいち買っていたらキリがありません。この4つさえあれば、家の汚れはたいてい落とせるし、掃除の煩わしさもなくなります。

#085 調味料に開封した日づけを明記

消費サイクルがわかる工夫でムダをカット

調味料の引き出し。書類ケースで仕切って同じジャンルごとにまとめている。

引き出しを開けるたびに、酸化しやすいオイルの鮮度をチェック

調味料のふたに、必ず開封日を書くことにしています。気にするのは、賞味期限より、開封日からどれくらい経っているか。特にオイル類に気を使います。酸化したものはなるべく食べたくないから、たとえ使い切れていなくても、オイルは2カ月以上過ぎたら処分。これが私のルールです。

もちろん捨ててしまうのはもったいないから、1～2カ月で使い切れる、小さめのボトルを買うようにしています。しょうゆや酢、マヨネーズ、ケチャップ、ドレッシングもそう。6人家族の味の好みや食べる量を把握しているから、賞味期限内に消費できるサイズ選びもしやすく、ムダがありません。

服の整理をしていいことは何か？　それはまず、クローゼットの中がスッキリすること。空間にゆとりができて心地がいいし、毎日着る服を選びやすくなる。迷う時間もしまう時間も減って時短になります。

持っている服をすべて把握できれば、余計なものに手を出さなくなるから、ムダ買いもなくなって節約にもなります。

加えてもうひとつ、うれしいのは、自分に自信がもてるようになること。

整理すると、自然とこれからも本当に着たいもの、今の自分に似合うものがわかってくるはず。それは自分と向き合い、自分を知る大切な

時間。自分にとっての服の基準が見えて、数は少なくてもこれだけあれば大丈夫、と実感できるでしょう。

自分の基準をもてば、世の中にあふれる情報にふり回されなくなり、人の目を必要以上に気にするストレスからも解放されます。

PART 7 服を整える

この章では、服の整理やムダ買い防止のコツと一緒に、少ない数でもおしゃれに見せるアイデアも紹介しています。

「旬のアイテムに飛びついてしまう……」

いつも周りの目や情報を気にしてしまう人へ

服の整理は今の自分を知ること。
自分にとって服とは何か？
それさえわかれば、迷いが消えて
おしゃれがもっと楽しくなります。

私のクローゼット。いつも持っている服すべてを見渡せる状態にキープしている。

#086

何のために着るか？
”増え過ぎ“の解決はそこから

〝なんとなく〟では増える一方。
年齢や環境で変わる服を
今の自分を軸に見直すと
持つべき服が見えてきます

クローゼットがいつもごちゃごちゃで、増え過ぎた服が収集つかない？　それは、今、自分が何のために服を着るのかを意識していないことが原因かもしれません。

目的が漠然としているとなんとなく選び、いらないものにも手を出して、結果、増え過ぎ・買い過ぎになってしまいます。

着る目的を知ってムダを防ぎましょう。次の3つのうちあなたの目的はどれに近いですか？

動きやすさや防寒が大事なら「機能」的な服。気分を上げるものだと思うなら「趣向」優先の服。相手や場になじむことが大事なら「TPO」に応じた服。目的に沿って買うよう心がければ、クローゼットも整っていきます。

機能重視なら

素材やシンプルさを基準に作られた服。普段着はこれに当たる。

TPOが大事なら

落ち着いた色みや、流行に左右されないスタンダードな形のもの。

趣向優先なら

自分の"好き"を第一に。最先端の流行服でも、乙女チックな服でもOK。

#087 服を見える化してムダ買い防止

クローゼットの中身をそのままリストに。バッグや帽子などの小物も全部見えるようにします

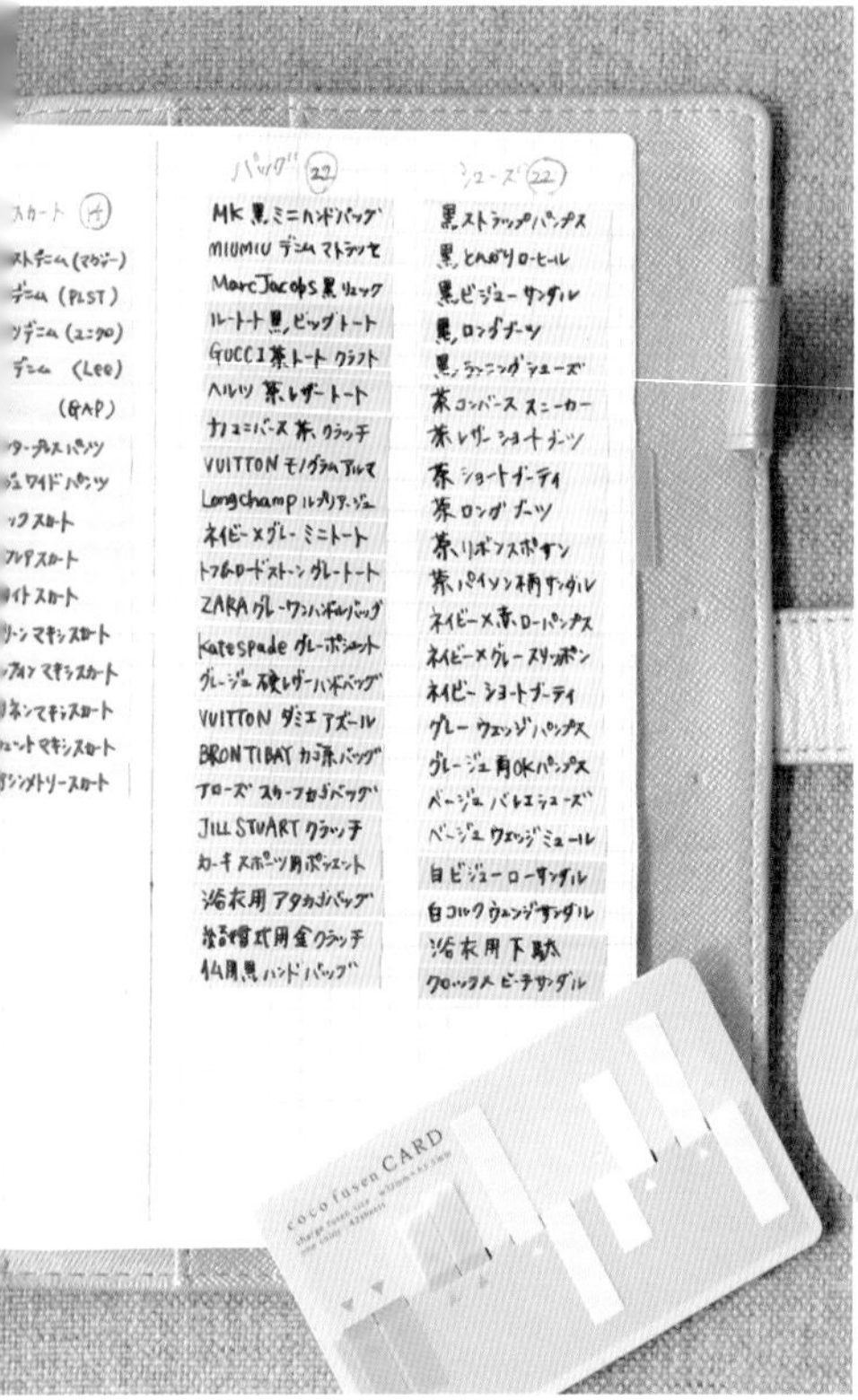

ふせんを使って
色別に
アイテムを整理

服の種類ごとにふせんの色を変えれば、アイテムそれぞれの数もすぐわかる。

手持ちの服を把握しておくことは、服の増え過ぎ防止のために重要。簡単に把握できるリストを作りませんか？

写真は私の服リスト。縦列でトップス、ワンピース、アウター、ボトムスという風に種類別に並べています。すべてを見渡せるのがいいところ。全体の所有量を自然に意識するようになるから、ムダ買いをしなくなります。アイテムごとのバランスも一目瞭然。次に買うべきものが見えてくるし、同じような服を買う失敗もなくなります。

リスト作りにふせんを使うと、アイテムごとに色を替えられて便利。買ったらペタッと貼り、不要になったらさっとはがして、簡単に更新できます。

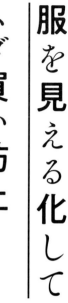

#088 処分までの目安は1カ月

近々の1カ月に
何を着たかをチェック。
出番がなかったものは
引退候補に入れましょう

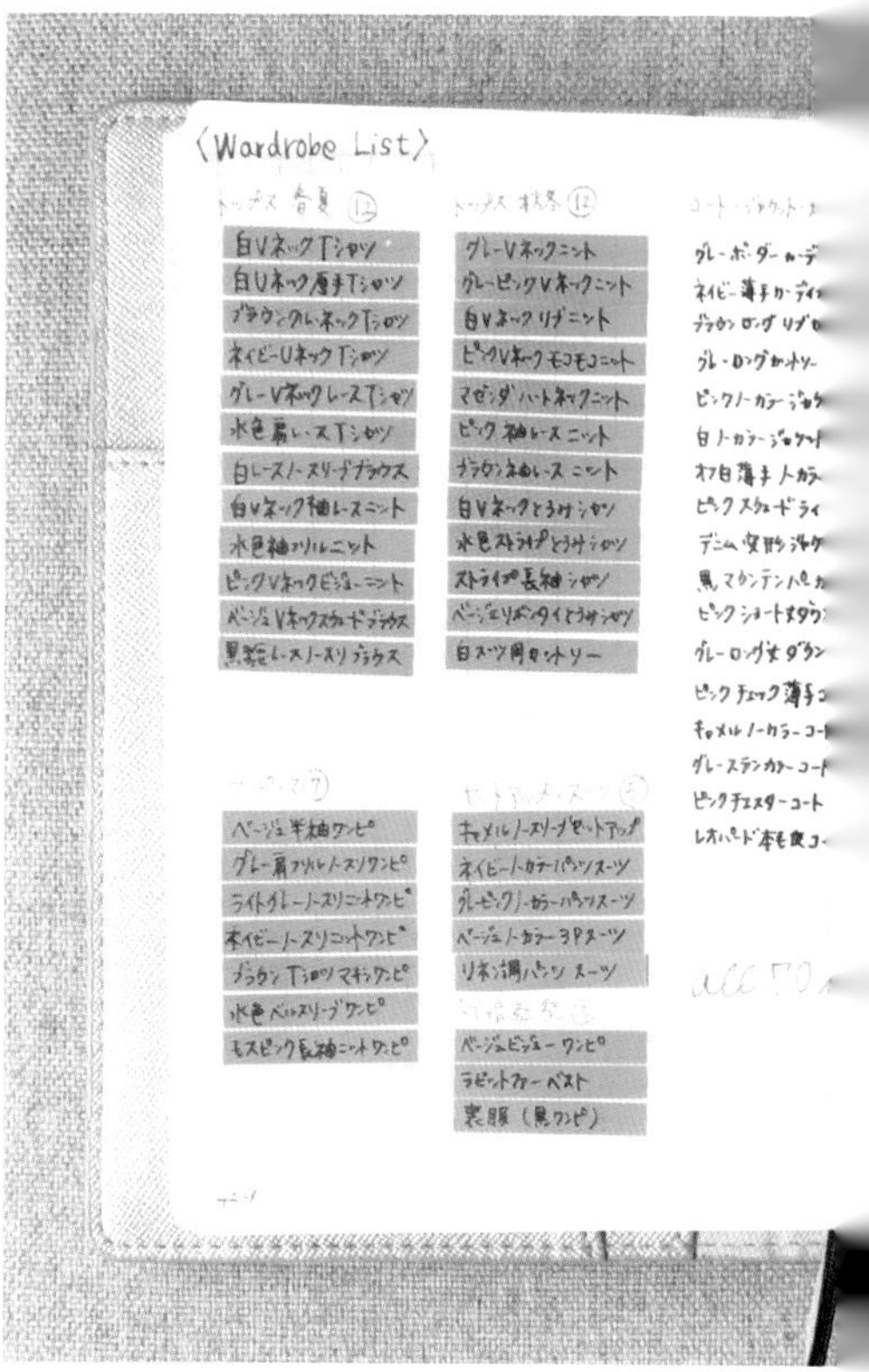

月に1度のチェックは、服の量を一定に保つためにも効果的。

体はひとつだけ。1シーズンに着られる服の数は限られています。たとえばひと月、毎日違う服を着たなら全部で約30着になるけれど、お気に入りはリピートしたいし、実際はそんなになくても困りません。

服の数をムダに増やさないために私がすすめるのは、1カ月間にどの服を着たかをチェックして、クローゼットの中を更新すること。冠婚葬祭時の服や浴衣・水着などは別にして、普段着を見直し、出番のなかった服を引退候補にします。さらに1シーズンたっても出番がなければ、今後着ることはほぼないから、本当に引退。古着回収などに出すなどして手放します。

#089 似合う色や形を知っておく

似合わない服を買っても意味なし。似合う服だけにしておしゃれ&ムダ予防を

似合う色の見つけ方

ブルー系、イエロー系の色紙を顔に当てる。肌色がくすまず、パッと明るく映る方があなたの系統です。

イエローベース
茶髪、ゴールド系のアクセサリーが似合う。服は温かい黄味を帯びたトップスがおすすめ。

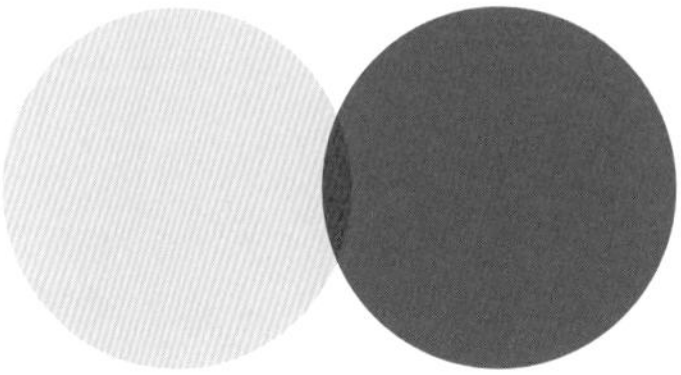

ブルーベース
黒髪、シルバーの アクセサリーが似合う。服はさわやかな青味のあるトップスがおすすめ。

似合う形の見つけ方

下半身にボリュームがある人は…
トップスを装飾性のある華やかなものに。ふわりとしたスカーフなども向く。ボトムスは縦ラインでスッキリまとめるとよい。

上半身にボリュームがある人は…
トップスを装飾性の少ない縦ラインのものに。Vネックなども効果的。ボトムスは広がりのある形を。Aラインや柄ものなどでも。

好きな服と似合う服は違います。衝動的に買っても、結局出番がなければタンスの肥やしになるだけだし、着てもテンションが下がります。ムダ買い防止とおしゃれアップのために、似合う色と形を知りましょう。

やり方は上の通りです。まず色は、色紙を顔に当てて肌色をチェック。ブルー系、イエロー系のどちらかがわかると、似合う服の色が見えてきます。

似合う形は、自分の体形から導きます。上半身と下半身、どちらにボリュームがあるかで、似合う服の形が変わってきます。

ここでご紹介しているのはパーソナルカラーや骨格診断のさわり。プロに見てもらってより深く自分を知るのもおすすめです。

#090 ハンガーは1種類！

ハンガーをそろえると服の出し入れがスムーズ。省スペースになり収納量も増えます

大人になると肩幅のサイズが急に大きくなることはあまりありませんよね。このタイミングでクローゼットのハンガーをそろえませんか？

そろえると、まず見た目がきれいになり服を選びやすくなります。かさばりもなくなるから収納量も確保できるし、違う種類がまぎれ込んだときにも目につき、ハンガーの増加にストップがかかる。いいこと尽くめです。

ただ、そろいのハンガーでも、限られた広さのクローゼットにぎゅうぎゅうに詰め込むのはNG。本数の目安は、ハンガーを掛けるポールの長さの3分の1。90㎝幅のポールなら、30本までに抑えれば、見渡しやすく出し入れもスムーズです。

夫のクローゼットも同じハンガーでそろえている。方向もそろえると使いやすい。

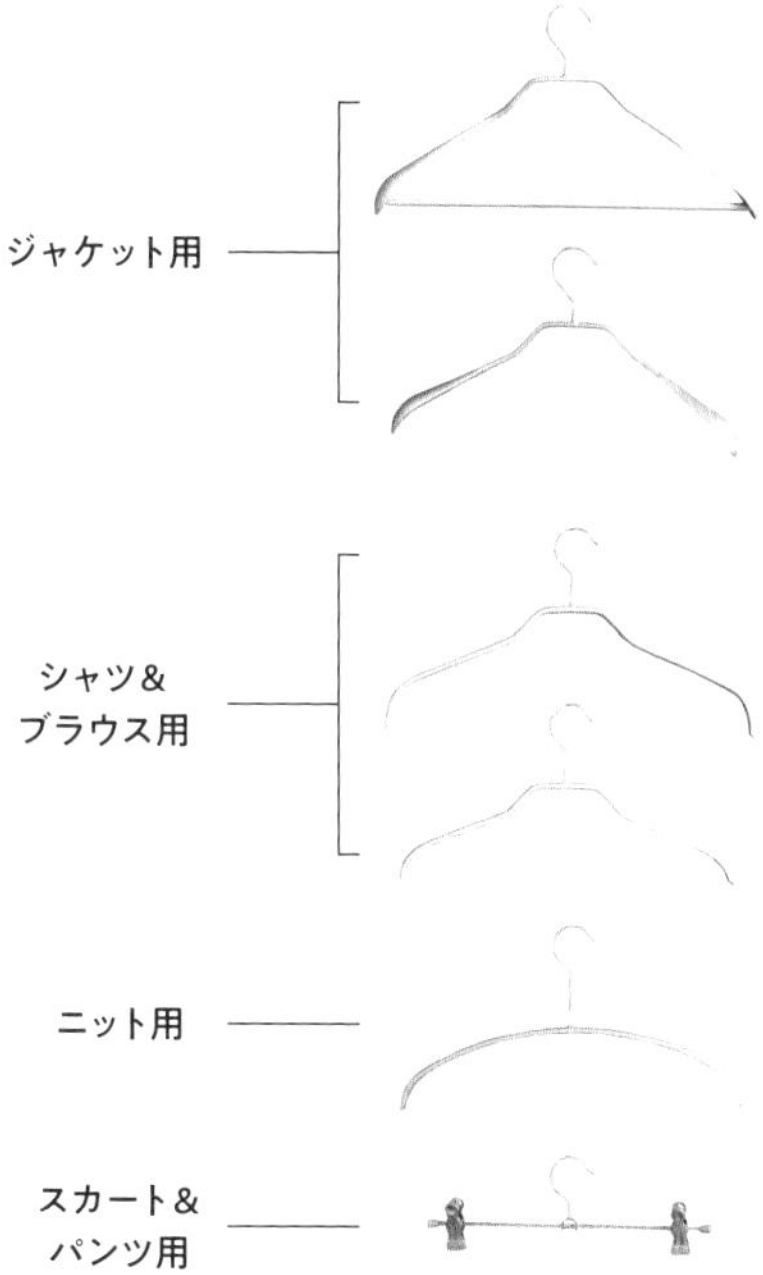

おすすめはすべらないマワハンガー

ドイツ製のマワハンガー。シャツ用やニット用など種類が豊富にあり選びやすい。

091 衣替えより、配置換え

今着る服をベストポジションに、季節外の服は奥に。季節が変わったら、その場所をそっくり入れ替えるだけ

衣替えは1日仕事。引き出しの服を全部出してたたみ直し、別の引き出しに入れ直す。そんな作業は止めて、〝配置換え〟でラクしませんか？
①同じサイズの引き出しに、たとえば、オンシーズンのトップスとオフシーズンのトップスをそれぞれしまう。
②①の引き出しをクローゼットに入れる。このときオンシーズンのものはすぐ取り出せる場所に。オフシーズンのものは奥や高いところでOK。
そして本番。季節が変わったら引き出しごと入れ替えるだけ。あっという間に完了です。引き出しは配置換えしやすいよう小さめのものがおすすめ。吉川家の引き出しは34×44×18㎝。

クローゼットの私用引き出しスペース

中央はオンシーズン、奥はオフシーズンの引き出し。中にすき間があいても、違う季節のものは混ぜない。

オフシーズンの小物はまとめてボックスに

冬の帽子類はボックスにまとめて。オフシーズンの間はクローゼットの上段に収納。

#092

入れ替わりの激しいストックアイテムは、時間差で開封

新しいものは、古いものを使い切ってから開ける。そのサイクルが身につけば引き出しはあふれません

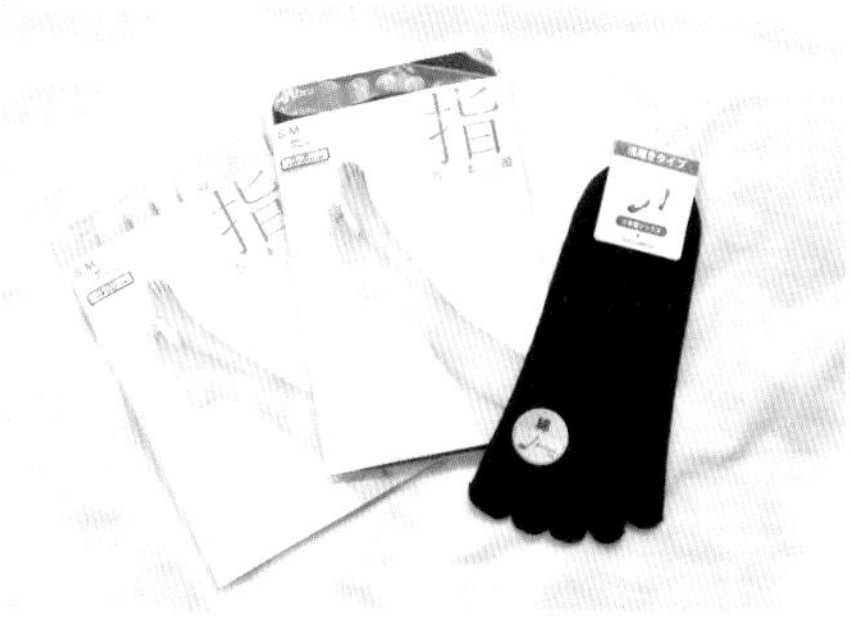

消耗アイテムのいくつかは未開封のままストック分として保管。

ストッキングやインナー、くつ下など消耗しやすいものは、つい買いだめたり、買ったそばから開封してしまいがち。でも、ちょっと待って。いっぺんに開けると同じ用途や形のものが引き出しにあふれて、それぞれの消耗具合や使用頻度がわからなくなります。結果、どれもが中途半端になってしまう。

時間差の開封を習慣にしましょう。洗い替えもいるから、同時期に出しておくのは使用中の3〜4枚と決める。そして、使い切ったと判断したら、処分して次を開ける。そうすれば、同じものを何年も使い続けることなく、古いものから新しいものへの循環がうまくいきます。引き出しの中もごちゃつきません。

#093 ズボラな人ほどひと目で"見渡せる"収納を

細かいものはアイテム別に仕切りを。一望できれば出し入れラクちん

引き出しに服をポンポン投げ入れて、何が入っているのかわからない。そんな片づけ下手のズボラさんは、仕切りを使いましょう。持っている服を見渡せるようになり、取り出しやすくなりますよ。

引き出しを全部見渡せるって、大事なこと。自分が何をどれくらい持っているのか、目でわかるから、持っている服をムダなくどれも活かせて使用頻度もかたよりません。

仕切る道具はわざわざ買わずに、お菓子の空き箱や紙袋、クリアファイルを利用してもOK。ここはパンツの場所、ここはくつ下、と一度決めれば、別のものがまぎれ込んだときに違和感を覚えて、自然に元に戻せるはず。収納の腕が一気に上がります。

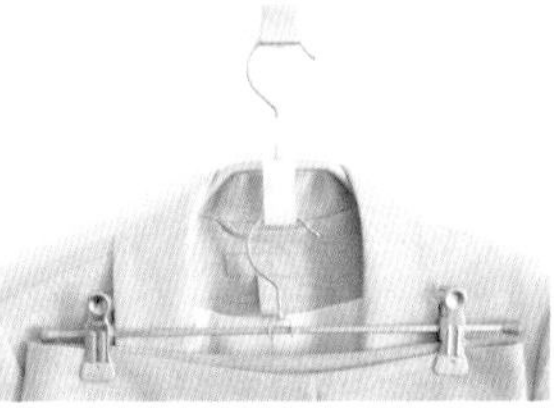

スーツの上下を一緒にかけられる連結フックも便利。

下着やくつ下の引き出し。仕切るだけで"見渡せる収納"ができる。

仕切りつきの市販の収納グッズも活用。帽子やバッグの型崩れを防げる。

#094 鉄板コーディネートをつくる

きっちり決める日とリラックスする日。鉄板の組み合わせがあればいざというとき便利

出かける直前の服選びは危険ですよね。迷えば時間を浪費するし、焦る。気持ちにも行動にも余裕がなくなります。

そこで、焦り防止におすすめしたいのが鉄板コーディネートをもつこと。きちんとしたバージョンとラフバージョンをつくっておきましょう。迷ったときに、考えないでパッと着られる、自信の2パターンです。

新しく買う必要はありません。これまで自分が着た組み合わせの中でいちばん落ち着けるものや、周りから〝いいね〟と言われたコーディネート、それがあなたの鉄板。仕事をもっているなら、きりっと仕事に集中したい日と遊ぶ日。オンとオフの2つを頭に入れておけば十分です。

Relax
おうちバージョン
家で仕事をするときの鉄板はこれ。動きやすくて着心地よし。

TPO
外出バージョン
人と会うときに着る鉄板服。着慣れているから所作もきれいになる。

#095 色の組み合わせを決めておく

服で2色、バッグ&靴で1色。計3色までに収めるのがおしゃれへの近道

服も小物も足りなくて、いつもコーディネートに困るという人もいるでしょう。でも、大丈夫。限られた数の服でおしゃれに見せるコツは色数。3色までに抑えてみてください。

私もそうしています。まず、服には2色。少なく感じるかもしれないけれど、スカーフの中の1色を服とそろえたり、同じ色の濃淡でグラデーションをつくったりすれば、奥行き感が演出できます。多色をごちゃごちゃ混在させるより、そのほうがシンプルでスマートにまとまり、おしゃれ度が上がるのです。

あとの1色は靴とバッグ。黒い靴×茶色いバッグではなく、黒×黒、茶×茶の同色で組み合わせると失敗がありません。

ピンク&グレー
pink & gray
×
グレージュ
greige

色は少なくても、スカートの柄やジャケットの形で十分個性的。

白&青
white & blue
×
黒
black

基本の白と青がスカーフにも。巻き方も工夫しておしゃれ度アップ。

#096 気に入ったコーディネートは画像でストック

自分の姿を写真で保存。服に迷う朝の心強い味方になります

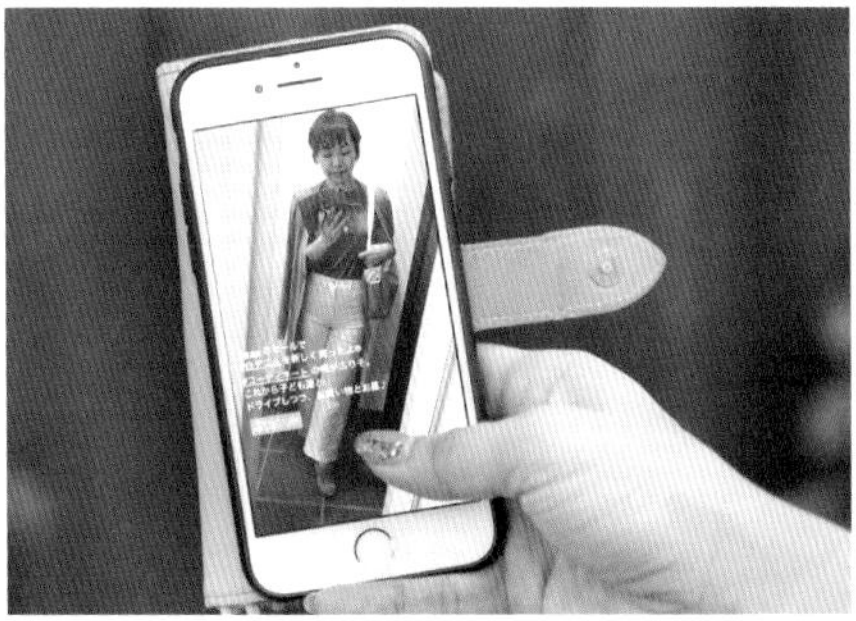
さっとスクロールして今日の服探し。

服がなかなか決まらなくて、鏡の前で着替えては脱ぎ、着替えては脱ぎ……。そんな経験は誰にもありますよね。出かける時間がせまっているときは、迷うほど焦って迷路にはまってしまうものです。そうならないために、スマートフォンをフル活用しましょう。

「あ、今日のコーディネートはいけてるな」、そうピンときたときに、写真を撮って保存しておくんです。服の組み合わせって、意外と忘れてしまうものだから、メモ代わりの写真があると便利。見返せば、迷いなくすぐに決められます。私はＳＮＳに上げてストックしています。

季節や目的別にファイルを分けておくのも手です。

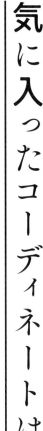

#097 ショップリストを作る&通販でも必ず試着

ちょっとした工夫で
買い物の後悔と
タンスの肥やしが減ります

ひと目惚れして飛びついたものの、いざ着ようとしたらしっくりこなくて一度も袖を通さないまま。そんな服が増えるのが嫌だから、私は買う前に必ず試着をします。

通販サイトで見つけたときも同じ。家でできる試着サービスを利用したり、売っている店舗を探して足を運びます。手間がかかる？　いえ、長い目で見ればその方がムダ買いがなくなり、後悔しません。

欲しいものを探し回らなくてすむよう、下の写真のように、よく行く街のショップリストも作っておくと便利。そのとき行くべき店と、品ぞろえを思い浮かべられるから、買うまでの時間と探す手間を省けます。

サイズや着心地が理由で着ることがない服は、フリマアプリを使って新品の状態で売りに出す。返品できるものはその作業も怠らない。

買い物計画も立てやすくなっておすすめです

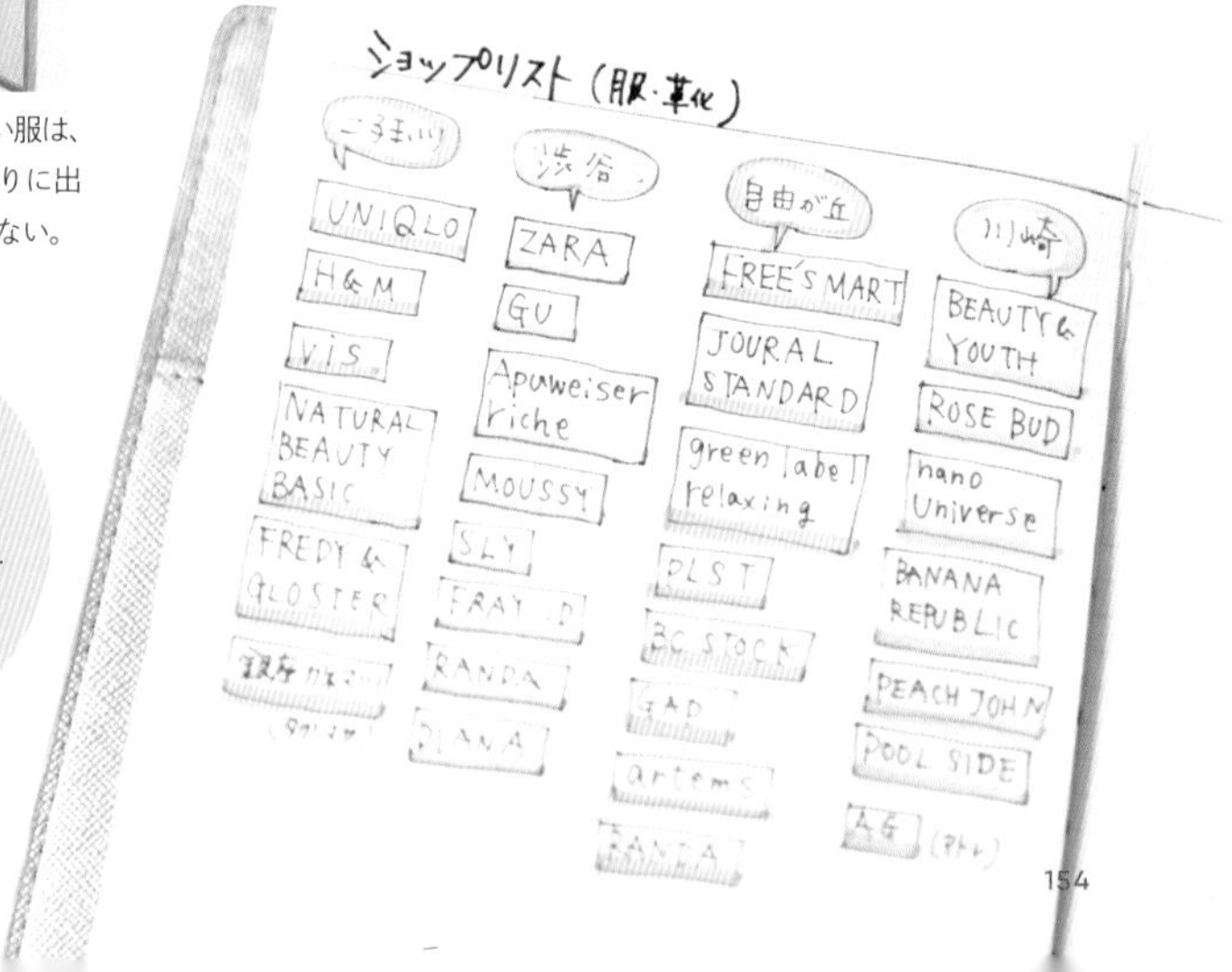

#098 定番アイテムこそ衝動買いしない

買うのは交代するアイテムを決めてから。よく吟味してからバトンタッチする

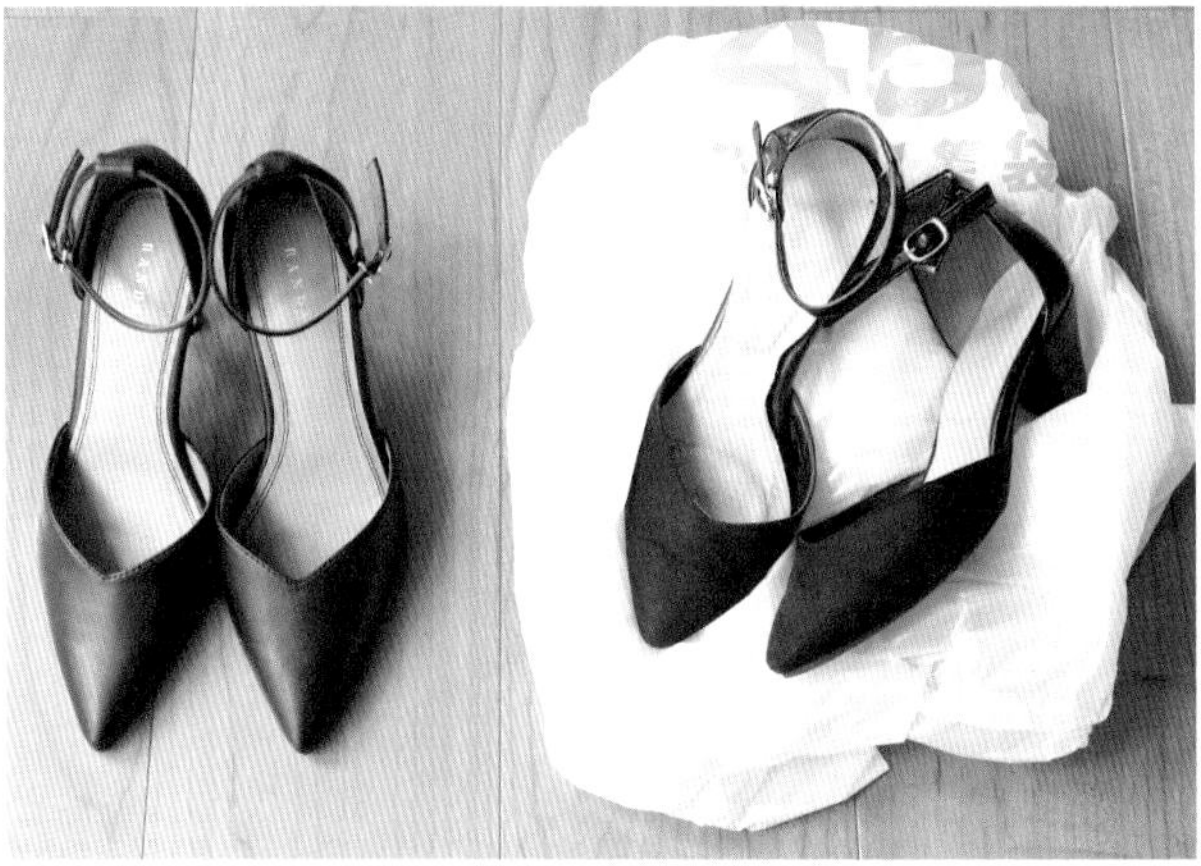

長年はいて傷んだパンプス
使い勝手がよく、傷むまではき切った。今が処分のタイミング。

やっと見つけた新しいパンプス
前のものと同じように愛せるものを、真剣に探して手に入れた。

どんな場面でも役立って、いつもそばに置いておきたい自分にとっての定番品ってありますよね。たとえば、A4サイズの紙が収まるバッグや黒い靴、白いシャツ。

そういうものが古くなり、買い替えようと思ったら、勢いにまかせず、よく吟味すること。次も長く使いたいからこそ、衝動買いは禁物です。

写真の黒いパンプスもそうでした。買い替えようと思ってから、形は？　素材は？　履き心地は？　と細部までこだわって、3カ月以上時間がかかりました。

これ！　というものには妥協しない。後で後悔しないために、また、ムダな買い物をしないために大切なことです。

#099

子ども服は消耗品と考える

数を少なくして
サイズが合ううちに
徹底的に着倒します。
お下がりもなし！

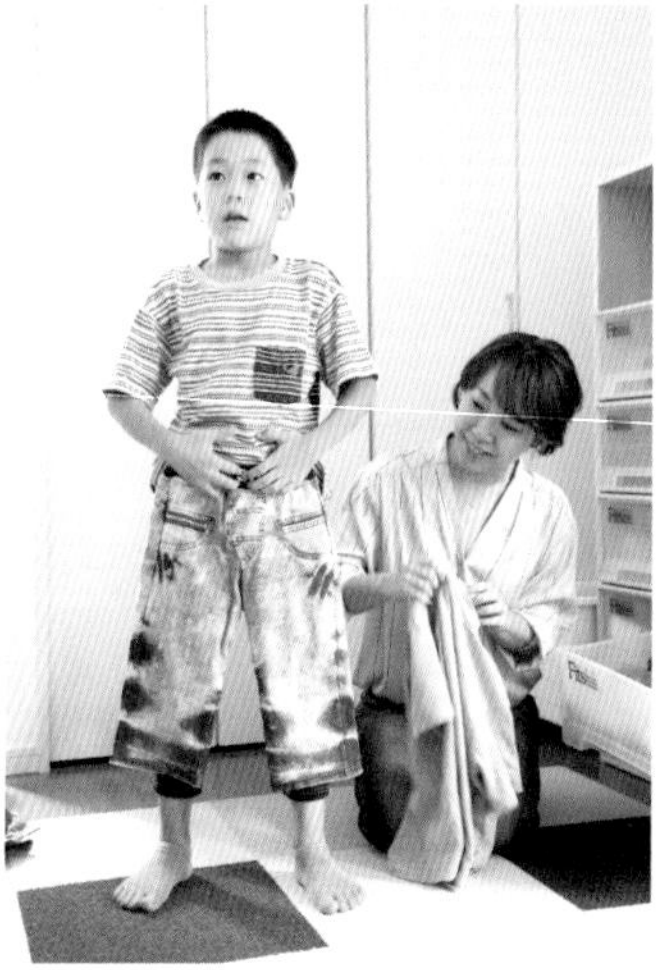

四男が当てているのははき倒したデニム。丈が短くなってきたからそろそろ処分時。

子ども服も書き出して見える化。数を把握する

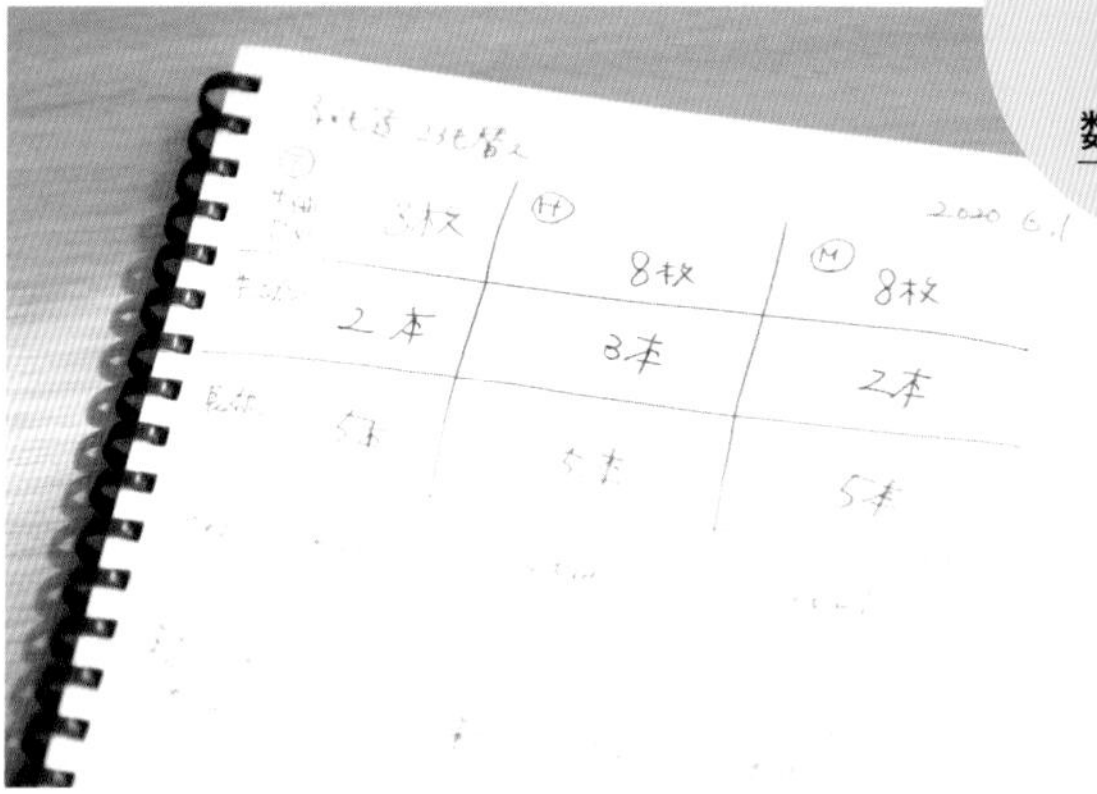

これを基準に数を過不足なくキープ。足りないものは追加する。

ちょっと視点を変えて、子ども服は消耗品と捉えてみて。かわいさに任せてたくさん買わず、季節ごとにパンツ○枚、シャツ○枚……と決めて、数をキープしましょう。成長期の子どもはすぐサイズが合わなくなるから、徹底的に着回した方が収納場所の節約に。処分するときも気がラクです。

わが家では、基本的にお下がりもしません。季節が変わるタイミングで自宅でファッションショーをして、欲しいものを自己申告させます。上の子がサイズアウトした服は、弟たちが着たい場合だけ譲る仕組み。自分の意志でバトンタッチするから、押しつけられたと感じることなく、着てくれます。

#100 アイロン不要、洗濯可の服を選ぶ

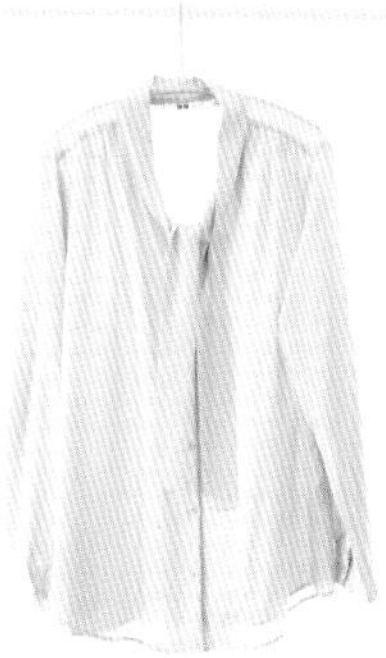

アイロンをかける服は夫のシャツと子どもの学校の給食着だけ（上）。自分のブラウスもノーアイロンでOKの素材を選んでいる（左）。

重い、熱い、時間がかかる…。アイロンがけの大きなストレスは簡単に減らせます

育ち盛りの子どもがいると、洗濯機を回す回数は1日1回ではすみませんよね。うちもそう。汚れものが山積みだと途方に暮れるけど、しないわけにはいかないし、〝汚されたら嫌〟とも思いたくない……。

そこで、ストレスを減らすために、普段着に選ぶ基準をつくりました。ひとつは洗濯機で気兼ねなくジャバジャバ洗えるもの。もうひとつはノーアイロンで着られるカジュアルユースな素材。憂うつなアイロンがけの時間が限りなくゼロになって、気持ちがぐんと軽くなります。

汚れたら洗えばいい、汚れが落ちなければ買い替えればいい。そんなゆるさも忘れずにいると、ストレスも回避できます。

～終わりに～

最後に、私の話を少しだけ。ゆとりのある今の暮らしを手に入れるまでには、いろいろなことがありました。

整理収納アドバイザーとして収納の提案するようになったのは2008年。当時の私は一度目の結婚をしてすぐで、子どももいなかったから、好きなだけ仕事をして時間も自由に使っていました。

それから、ありがたいことに仕事は忙しくなり、二人の子どもにも恵まれました。そうすると、家事と育児と仕事の時間をやりくりするため、多くをお金で解決するように。お惣菜を買う、タクシーに乗る、保育園の延長をする。時間がないからと、その場しのぎで余計な出費を重ねていた気がします。

とにかく毎日をこなすのに必死で、ふり返ると、自分のことはほったらかしでした。仕事や子どもを優先して、自分のやりたいことは後回し。「なんで私ばっかり？」とモヤモヤしていた日も多かったように思います。だから、多くの女性が抱えている不安やしんどさ、よくわかります。

でも、その後、「まずは自分を大切にする」ということを実践してから、私も、私の人生も変わり、思いがけない道をたどります。

夫と離婚、そして子連れ再婚。子どもも4人になりましたが、忙しくても、以前のようにお金を使って解決したり、自分の時間もないまま就寝……ということはなくなりました。自分のストレスの原因を探って、効率的に暮らしを回す方法にたどり着いたからです。

家事も育児も自分の気持ちに正直に、できる限り「時短」。ムダな出費をおさえ「節約」。家事は家族で分け合って、部屋の片づけも服の整理も効率を上げ、自分の時間をしっかり確保……。

そのおかげで、今、暮らしすべてにおいて不安がほとんどありません。収入は、正直、新型コロナウイルス禍で減少しているけど、大きな不安はないのです。「今の自分は何があっても大丈夫、幸せだ」。そう思えるんですよ。

がんばっている女性のみなさんも「自分を大切に」暮らしを整え、ストレスフリーに生きてほしいと思います。そして、これからも、そのお手伝いをしていきたいです。

吉川永里子

吉川 永里子（よしかわ・えりこ）

Room&me代表・収納スタイリスト®・生き方スタイリスト。
整理収納アドバイザー（1級認定講師）、整理収納ベーシックコーチ、
改善整理コンサルタント、スタイリングカウンセラー。
2008年より収納スタイリストとして活動を開始。片づけられない女だった
過去の経験を活かし、「片づけはストレスフリーに生きる近道」をモットーに、
働くママ・妻・女性の目線でライフスタイル提案を行う。
これまでに1万人以上に片づけを指導。雑誌やテレビ、講演などにおいて、
片づけをベースに、ラクな暮らし方、生き方についてレクチャーしている。
プライベートでは、ステップファミリーとなり、
賃貸住宅で夫と4人の子ども達に囲まれて暮らす。
主な著書に、『なかなか捨てられない人ための鬼速片づけ』（アスコム）、
『1年で80万円貯まる！ハッピー片づけ術』（マガジンハウス）、
『あなたもつかめる！もう探さない人生』（主婦の友社）、『30日間片づけプログラム』（笠倉出版）、
『子どもがいてもキレイがつづく！ラクするための片づけルール』（オレンジページ）、
『ズボラさんのための片づけ大事典』（小社刊）など多数。

もっとラクに生きる！
暮らしの整理術100

2020年11月24日　初版第一刷発行

著者　吉川永里子
発行者　澤井聖一
発行所　株式会社エクスナレッジ
〒106-0032
東京都港区六本木7-2-26
https://www.xknowledge.co.jp/

問い合わせ先
編集　TEL 03-3403-6796
FAX 03-3403-1345
info@xknowledge.co.jp
販売　TEL 03-3403-1321
FAX 03-3403-1829

無断転載の禁止
本誌掲載記事（本文、図表、イラストなど）を当社および著作権者の承諾なしに無断で転載（翻訳、複写、データベースへの入力、インターネットでの掲載など）することを禁じます。